도시생활자의
식탁

CONTENTS

PROLOGUE		4
ESSAY _ 나의 작은 부엌		6

도시생활자의 식탁

1. 퀴노아 샐러드 — 16
2. 새우 아보카도 브루스케타 — 20
3. 아보카도 김밥 — 25
4. 아보카도 해산물 리소토 — 30
5. 사과 샐러드 | 에그 베네딕트 — 35
6. 불고기 베이크 — 42
7. 아라비아타 소스 — 48
8. 미트볼 파스타 — 54
9. 함박스테이크 — 58
10. 애플 시나몬 토스트 — 64
11. 콜드 파스타 — 68
12. 파니니 샌드위치 — 72
13. 호랑이콩 샐러드 — 78
14. 감자빵 샌드위치 — 82

키친 가든

1. 래디시 쿠스쿠스 — 88
2. 래디시 피클 — 92
3. 과카몰리 — 98
4. 루꼴라 피자 — 104
5. 완두콩 가스파쵸 — 108
6. 완두콩 명태 리소토 — 112
7. 산딸기 잼 — 118
8. 산딸기 타르트 — 124
9. 시저 샐러드 — 128
10. 카프레제 — 132
11. 리코타 치즈 | 쁘띠 타르트 — 137
12. 샹그리아 | 프로슈토 카나페와 오렌지 카나페 — 143
13. 방울토마토 매실 절임 — 148
14. 블루베리 머핀 — 154
15. 무화과 클라푸티 — 158
16. 연어 그라브락스 — 164

| | ESSAY _ 나의 작은 정원 | 166 |

보통의 식탁

1. 바지락 칼국수	174
2. 꽃게탕	180
3. 맑은 콩국수	184
4. 문어 솥밥 ǀ 부추 무침을 곁들인 문어 숙회	189
5. 연근 솥밥	194
6. 시래기밥	200
7. 굴 국 ǀ 굴 무침	205
8. 동지팥죽	212
9. 갈비탕	218
10. 만두 ǀ 만두 전골	223
11. 뿌리채소 김밥	228
12. 궁중 떡볶이	234
13. 육회 비빔밥 ǀ 육회	239

일상의 작은 사치

1. 스크램블드 에그 오므라이스	248
2. 사케동	254
3. 감자 뇨끼	260
4. 시트러스 샐러드	266
5. 샥슈카	272
6. 시금치 까르보나라	276
7. 월남쌈	282
8. 문어 카르파초	288
9. 프리타타	292
10. 버터 치킨 커리	298
11. 멜론 프로슈토	302
12. 양갈비 구이	308
13. 라자냐	313
14. 황도 타르트	320
15. 복숭아 케이크	326

PROLOGUE

도심 한가운데 작은 한옥에서 일상을 가꾸며 어느덧 일곱 번째의 겨울을 맞이하고 있습니다. 아침 햇살이 안채를 비춰 올 무렵이면 고양이 미셸은 유연한 몸짓으로 옥상정원을 향해 놓인 사다리에 올라 귀여운 야옹 소리로 하루의 시작을 알려 옵니다.

지난밤 사이 예쁘게 부풀어오른 빵 반죽이 뜨거운 오븐에서 고소한 냄새를 풍기며 커피 그라인더에선 귓불을 때리는 파열음이 온 집 안에 울려 퍼집니다. 전기포트 주둥이를 타고 하얀 연기를 내뿜는 수증기는 주방에 온기를 더하네요. 마침 상온에 내놓은 아보카도가 적당히 무른 듯하고 제철을 맞아 영근 과일은 완벽한 피사체로써 언제나 식탁 위에 정물화처럼 놓여 있습니다.

어느새 태양이 이만치 물러와 작은 부엌을 비춥니다. 이른 아침 녘 투명한 백색에 가깝던 조광朝光은 따스한 오렌지빛으로 식탁을 물들이고 있죠. 정성스럽게 손질한 식재료를 가지런히 그릇에 담고 크레마가 풍성한 커피도 내립니다. 오븐에서 갓 구워 나온 고소한 빵 조각과 따스한 채소 수프가 모락모락 김을 피웁니다.

매일 찾아드는 일상의 타성이지만 아름다운 카메라-아이를 가진 어느 도시생활자는 이 순간을 자연스럽게 프레임 속에 차곡차곡 담습니다. 테이블 위에 놓인 정물이 감흥을 일으켜서, 때로는 반투명한 과일과 채소의 완벽한 채도가 마음을 움직여서, 혹은 흘러가 버리면 그만인 일상의 순간을 조금만 더 유예하고자.

일상의 항해 중 행복을 마주하는 순간은 언제일까요. 좋은 사람들과 함께 식탁 너머로 맛있는 음식과 온기를 나누는 시간 속에 깃들어 있는 건 아닐지요. 일상적으로 즐기는 음식을 손수 만들고 타인과 나누는 기쁨. 그것은 일상의 단면을 삶의 소중한 부분으로 응시하는 단순한 진리일 것입니다. 행복의 또 다른 이름으로 기억될 도시생활자의 식탁 위에 놓인 이야기를 종이 너머의 당신과 나누고 싶습니다.

장보현

ESSAY

나의
작은
부엌

한국 전통 민간 신앙에는 집을 수호하는 가신家神이 등장한다. 가신은 가족의 번창을 돕고 액운으로부터 구성원을 보호하는 역할을 담당하고 있다. 그중 부녀자들이 부엌에서 섬기는 신이 있었으니 바로 조왕竈王이다. 조왕신은 부엌이라는 공간을 정결하고 부정이 없도록 관장한다.

식민 피지배와 전쟁을 겪으며 전통문화와 급격한 단절을 경험한 한국 근현대 사회는 이러한 민간 신앙의 의미마저 퇴색되어 왔을 것이다. 나조차도, 어렵사리 후사를 본 아무개 씨를 두고 사람들이 수군거릴 때 삼신할매의 공을 치사하는 대화 정도로 민간 신앙 속 등장인물을 가늠했을 뿐.

그렇게 싱크대와 가스레인지, 환풍구가 하나로 연결된 현대식 조리대를 통해 만든 음식을 너무도 자연스레 먹고 마시며 현대인으로서의 나날을 이어가는 듯했다. 내가 살고 있는 집이 지독한 추위와 날벌레, 들짐승 따위와 갈등을 빚어야 하는 정짓간 딸린 구옥이 아님을 다행으로 생각했다. 명절을 앞두고 연례행사처럼 들르던 종갓집에선 아궁이 딸린 정짓간에 쪼그리고 앉아 두 손이 부르트도록 마치 제 소명인 양 궂은 부엌일을 도맡아 하던 부녀자들을 애처로이 여겼다.

어쨌든, 나는 서울 도심의 작은 한옥집에 거처를 마련하게 되었고 난생처음으로 나만의 주방을 갖게 된 것이다. 1930년대에 지어진 도심의 주거형 개량 한옥에 딸린 두 평 조금 못 미치는 부엌. 수십 년간의 개보수로 인해 한옥이라 하기엔 애매모호한 모습을 하고 있었다. 특히나 부엌은 억지로 구겨 넣은 듯한 싱크대 상·하부장과 대들보를 가리기 위해 구획한 가벽으로 인해 빛이 전혀 들지 않는 토끼굴 같은 느낌을 풍기고 있었다.

전통 민간 신앙이라 하면 미신 따위로 취급해왔으나 아무리 생각해도 이러한 공간에서는 조왕신의 섬김을 받을 수 없겠단 기분에 사로잡혀 버렸다. 아니나 다를까, 요리에 열정을 쏟아붓기도 전에 칙칙한 부엌을 빠져나올 생각에 맛을 평가조차 할 수 없는 음식이 탄생하기 일쑤.

그러던 어느 날, 홧김에 뜯어낸 싱크대 상부장 사이로 감춰져 있던 한옥의 두터운 보가 위풍당당하게 그 모습을 드러내 보이고 만 것이다. 이 하나의 보에 저 무지막지한 찬장이 매달려 있었다니, 조왕신이 무던히도 애를 먹고 있었구나 싶은 단상이 스쳤다.

한층 공간감이 생긴 부엌을 두고 조금 더 나아가 소굴처럼 빛을 차단하고 있는 가벽을 철거했다. 그러자 주방 깊숙이 밀려오는 태양의 잔광. 마침내 나의 주방에도 서광이 드리우고 있음을 감지한 순간. 그렇게 하나둘씩 주방을 꾸려가다 결국 모든 것이 바뀌고 말았다.

그렇게 탄생한 나만의 작은 부엌.
나뭇결 사이로 미처 벗겨내지 못한 회칠과 페인트 자국 사이엔 중첩된 일상의 추억들이 켜켜이 쌓여 있을 것이다. 언제고 이 오래된 공간에 머무르며 조왕의 비호 아래 도시생활자들의 식탁을 책임졌을 이름 모를 누군가의 중첩된 일상 말이다. 그리고 이제는 그 틈에 살며시, 나의 사소한 일상 또한 포개어 본다.

나의 작은 부엌

도시생활자의
식탁

번잡한 도시에서 나만의 시간을 온전하게 즐길 수 있는 순간은 언제일까요. 한가로이 찾아드는 휴일엔 거리낌 없이 늦잠을 자고 일어나도 괜찮습니다. 한결 가뿐해진 몸과 마음으로 침실을 나설 즈음엔 아침도 아닌, 점심이라고 하기엔 때 이른 시간의 공백기와 마주하게 되죠. 그 틈을 채우기 위해 기억 속에 고스란히 간직하고 있는 맛의 향연을 하나둘씩 들춰내기 시작합니다.

정오 무렵 아늑한 빛이 감도는 식탁은 어느덧 달콤하고도 따듯하며 식욕을 자극하는 다채로운 접시들로 물들어갑니다. 한적한 휴일, 나만의 공간에서 즐기는 브런치는 맛있는 기억으로 차분히 가라앉죠. 그간 쌓인 피로와 권태는 저만치 달아나 있습니다. 이제부터 나와 여러분의, 도시생활자들을 위한 식탁을 펼쳐 볼까요?

맛진
신세계

새로운 식재료를 접할 땐 언제나 두려움과 설렘이 공존해요. 익숙함에 이끌린 입맛은 늘상 즐기는 메뉴를 지목하지만 맛의 신세계를 향한 호기심 또한 늘 혀끝에 도사리고 있죠.

퀴노아는 한때 전 세계적인 열풍을 일으킨 식재료예요. 안데스 산맥이 품은 신비로운 곡물이란 타이틀로 슈퍼푸드 반열에 올랐죠. 마치 '퀴노아가 주방에 없다면 당신은 건강한 삶을 살고 있지 않습니다'와 같은 무언의 강령이 도시 곳곳을 점령한 듯했습니다. 대형마트 가판대 위로는 퀴노아를 찬미하는 문구가 도시인의 호기심을 자극했죠. 저 또한 그 유혹에 이끌려 슈퍼푸드 식단에 동참하게 되는 데에는 그리 오랜 시간이 걸리지 않았습니다.

처음으로 접한 퀴노아는 우리에게 익숙한 곡물인 '조'를 떠올리게 하는 맛이었다고나 할까요. 아니, 세상에서 가장 작은 파스타인 쿠스쿠스 같기도 하고요. 그렇게 '맛진' 신세계를 열어 준 퀴노아는 일상 속에서 맛의 지평을 넓힌 새로운 식재료로 각인되었습니다.

퀴노아는 끓는 물에 10-15분간 삶아 채반에 받쳐 물기를 빼주면 각종 요리의 서브 재료로써 활용도 만점이랍니다. 잡곡처럼 밥에 섞어 먹어도 좋아요. 반투명하게 익은 퀴노아 사이로 비치는 하얀 싹은 발아된 퀴노아의 모습이에요. 발아곡물의 성분은 동물이 임신과 출산을 겪는 과정에서 외부 박테리아나 바이러스를 차단하기 위해 배출하는 항산화 물질과 유사하다고 합니다. 한알 한알 작은 알갱이 속엔 필수 영양소와 불포화 지방산으로 가득 차 있고요! 이러한 장점들이 수 천년간 전해 내려온 안데스의 신비한 곡물, 퀴노아를 슈퍼푸드라 극찬하는 이유가 아닐까요.

퀴노아 샐러드

재료 | 퀴노아 50g, 쉬레드 모차렐라 치즈 50g, 훈제 닭가슴살 1장, 삶은 달걀 2개, 노란색과 주황색 파프리카 1/2개씩,
2인분 기준 | 방울토마토 8개, 그린 올리브 6개
드레싱 - 올리브유 2큰술, 레몬즙 1작은술, 소금 적당량, 후추와 바질 후레이크 약간씩

1. 퀴노아를 채반에 받쳐 깨끗이 씻은 뒤 물을 퀴노아 양의 3배수 이상 잡고 10-15분간 센 불로 끓인다.
2. 잘 익은 퀴노아를 채반에 건진 뒤 물기를 제거하며 식힌다.
3. 준비된 재료를 잘게 다지거나, 먹기 좋은 크기로 썰어서 샐러드 접시에 한 줄씩 가지런히 플레이팅한다. 마지막으로 차갑게 식은 퀴노아도 먹음직스럽게 올린다.
4. 올리브유, 소금, 후추, 레몬즙을 섞은 간단한 드레싱을 뿌린 뒤 골고루 섞어 먹는다.
5. 크루아상이나 캉파뉴 등의 식사빵과 함께 곁들여도 좋다.

어떤
아침

일기 예보는 빗나가고 무기력하게 그저 마음 놓고 휴일을 보내려했던 마음에 금이 가기 시작했습니다. 저기압이 몰려오면 한없이 잠을 청하던 고양이들조차 온몸을 치켜세우고 태양빛과 랑데부를 위해 직사광 아래로 자리를 이리저리 옮겨 다니는 아침이었습니다. 지금이라도 늦지 않았으니 오후를 멋지게 보내기 위해 이런저런 계획을 세워 보지만 역부족이더군요.
습도는 70%에 육박하나 비구름이 물러난 뒤의 하늘과 공기의 질은 더없이 맑고 깨끗합니다. 오늘따라 투명하게 내리쬐는 태양빛은 백색에 가깝습니다. 비정상적인 하루의 시작. 이럴 땐, 그저 집 안에 있는 문이란 문은 모조리 열어젖히고 아무런 잡념 없이 한가로이 브런치를 즐기는 것도 좋은 방법이죠. 내가 가장 좋아하는 메뉴로 말이에요. 고소하고 크리미한 매시드 아보카도 사이로 아삭하게 씹히는 양파 조각, 시즈닝으로 감칠맛을 입힌 탱글탱글한 새우, 겉은 바삭하고 속은 부드럽게 구워낸 바게트의 삼합, 새우 아보카도 브루스케타를 시작합니다.

새우 아보카도 브루스케타

재료 | 바게트 조각 8개, 3-4cm 크기의 생새우 20마리, 몬트리올 스테이크 시즈닝 1/2 큰술, 크러시드 페퍼 1/2 큰술,
2인분 기준   아보카도 1개, 양파 1/2개, 다진 마늘 1작은술, 고수와 파슬리 등의 토핑용 허브잎 2-3 줄기

1. 아보카도는 반을 갈라 씨를 제거한 뒤 숟가락으로 과육만 파내 으깬다.
2. 양파 반쪽은 잘게 다져 으깬 아보카도와 잘 섞는다.
3. 예열한 프라이팬에 올리브유를 두르고 약불에서 다진 마늘을 볶는다.
4. 상온에서 해동한 새우를 다진 마늘과 함께 볶다가 몬트리올 스테이크 시즈닝과 크러시드 페퍼를 뿌려가며 골고루 섞어준다.
5. 슬라이스 바게트에 올리브유를 살짝 두르고, 겉면이 연갈색이 될 정도로 오븐 또는 프라이팬을 이용해 앞뒤로 구워낸다.
6. 바게트 위로 아보카도 베이스를 듬뿍 퍼 바르고 시즈닝한 새우 2-3마리를 얹는다.
7. 고수 또는 파슬리 등의 토핑용 허브는 취향껏 올려 마무리한다.

우린
제법
잘 어울려요

———

아보카도를 고를 땐 한 개가 아닌 한바구니씩 들여오게 돼요. 사과나 복숭아 같은 과일을 살 때처럼 말이에요. 아보카도는 대표적인 후숙 과일에 해당합니다. 나무에서 따낸 뒤, 적절한 숙성의 시간을 거쳐야 가장 맛있게 먹을 수 있단 얘기죠. 아보카도 좋아하는 분들은 한번씩 경험해 봤을지도 모르겠어요. 무심코 반을 가른 아보카도 과육이 신비로운 연둣빛 그라데이션이 아닌, 갈색으로 여기저기 얼룩진 모습을요. 혹은 너무 딱딱해 과육과 껍질을 분리하기조차 어려운 미완의 아보카도를 만나기도 했을 테죠.

사실 과일 속을 누가 알겠어요. 많이 먹어 본 사람의 노하우를 살짝 빌려 직접 경험치를 쌓을 수밖에요. 제가 얘기할 수 있는 팁은 잘 숙성된 아보카도의 색상과 질감이에요. 보랏빛이 감도는 고동색, 혹은 버건디에 짙은 갈색을 덧칠한 듯한 색깔의 표면이에요. 그리고 아보카도를 움켜쥐었을 때 껍질과 과육이 분리되듯 부드럽게 속을 파고드는 감촉이 느껴진다면, 바로 아보카도가 식탁 위에 오르는 날입니다. 잘 익은 아보카도 속을 가르는 일은 언제나 설레요. 늘 새로운 채도의 천연 연둣빛이 퍼져 나가는 모습은 하나의 예술 작품 같거든요.

아름다운 아보카도를 위해 일본식 달걀말이와 함께 김밥 속을 채워 봤습니다. 짠 내 나는 쓰유 향과 고소한 참치, 그리고 코끝을 감싸는 알싸한 와사비 양념까지. 부드러운 참깨 소스에 곁들이면 그 맛의 궁합이 꽤 훌륭하게 다가온답니다.

아보카도 김밥

| 재료 | 쌀 한 컵(180g), 다시마 2장, 쓰유 1큰술, 식용유 1작은술,
아보카도 1개 김밥용 김 2장, 달걀말이 1줄, 아보카도 1개, 오이 1/2개,
분량 / 김밥 2줄 양파 1/2개, 통조림 참치 100g, 마요네즈 1큰술,
설탕 1작은술, 와사비 1/2작은술, 식초 1작은술, 소금 적당량

<u>준비 단계 _ 밥짓기</u>

1. 깨끗이 씻은 쌀 1컵에 물 250ml를 붓고 다시마 2장과 쓰유 1큰술, 식용유 1작은술을 넣고 밥을 짓는다.

도시생활자의 식탁

준비 단계 _ 달걀말이

달걀 4개,
물 50ml, 쓰유 2큰술,
설탕 1작은술,
청주 1작은술,
소금 1꼬집

1. 달걀을 믹싱볼에 담아 부드럽게 풀어 준비 재료와 한데 섞는다.
2. 팬에 기름을 충분히 두르고 약불에서 달걀물과 기름을 번갈아 부어가며 두툼한 모양으로 달걀을 말아준다.
3. 완성된 달걀말이는 발로 감싸 꾹꾹 눌러 형태를 잡아준다.

아보카도 김밥

2줄 기준

1. 오이는 씨 속을 제거한 뒤 채 썰어 준비한다.
2. 양파는 채 썰어 물 반 컵에 식초+설탕+소금(1큰술+1작은술+1/2작은술)을 섞어 약 10분간 절인 뒤 키친타올로 수분을 제거한다.
3. 아보카도는 반을 갈라 과육을 분리하고 형태가 으스러지지 않도록 길쭉하게 썬다.
4. 참치는 기름을 한 번 걸러내고 와사비와 마요네즈에 버무려 부드럽게 섞는다.
5. 김밥용 김에 준비된 재료 - 밥, 달걀, 참치, 아보카도, 양파, 오이를 차례로 쌓는다.
6. 먹기 좋게 썰어 참깨 드레싱 등을 곁들인다.

도시의
맛

───

오늘은 무엇을 먹을까요. 매일 차려 먹는 밥상에 딱 맞아떨어지는 기획은 없습니다. 5개들이 아보카도에서 두 개는 신나게 먹어치우고, 그 맛에 흥미가 시들해질 즈음에 나머지 아보카도들의 속이 시커멓게 물러갈지도 모를 걱정에 휩싸이기 시작했는데요. 지난 봄철부터 마당에 매달려 있던 마늘 꾸러미가 바닥을 드러내 보였고 냉동고 틈에서 해산물 덩어리를 발견한 날이었죠.

'도시의 맛'이라면 어떤 식재료가 떠오르세요? 저는 바로 버터를 꼽습니다. 풍미 가득한 버터를 베이스로 요리하면 왠지 세련된 맛이 느껴진다고 할까요. 거기에 숲속의 버터라 불리는 아보카도까지 첨가하면 어떤 조화가 그려지려나요.

리소토의 맛을 좌우하는 것은 쌀의 식감인 듯해요. 물론 취향껏 익히면 됩니다. 알단테로 익은 파스타 면의 씹는 맛을 좋아하는 저는 고슬고슬한 식감을 위해 미묘하게 설익은 쌀을 양껏 시식 중이었죠.

해산물을 넣기 전, 올리브유를 한 번 더 부어 내용물을 부드럽게 섞고, 완성 직전의 리소토 앞에서 아보카도를 손질해줍니다. 우려와 달리 거뭇한 현상 없이 아주 잘 숙성되었어요. 오늘의 리소토 요리와 퍽 잘 어울리겠군요! 마지막으로 불을 올려 냄비를 뜨겁게 달구면 드디어 완성입니다. 오, 아보카도로 인해 재료의 조합이 극적으로 먹음직스런 형태를 띠네요. 마지막으로 올리브유를 한 스푼 두르고 각종 향신료와 소금으로 간을 맞춥니다. 음, 맞아요. 도시의 맛.

아보카도 해산물 리소토

재료 | 불린 쌀 1컵, 아보카도 1개, 새우와 바지락 150g, 양파 1/2개, 마늘 5-6쪽, 버터 1큰술, 바질 가루 1/2작은술,
2인분 기준 올리브유와 소금, 후추 약간씩

1. 예열된 팬에 버터를 두른 뒤, 편으로 썬 마늘과 다진 양파를 볶는다.
2. 양파가 반투명하게 익으면 불린 쌀과 물 3컵을 붓고 센 불에서 약 15분간 끓인다.
3. 물이 자작해오면 내용물을 바깥으로 밀어내 팬 가운데 공간을 마련한다. 올리브유를 두르고 준비한 해산물을 부어 겉면이 살짝 익을 정도로 센 불에서 살짝 볶는다.
4. 해산물과 함께 내용물을 한데 모아 골고루 섞어준다.
5. 아보카도를 으깨듯 조각내 완성 직전의 리소토와 함께 센 불에서 재빨리 섞는다.
6. 리소토를 그릇에 옮겨 담고 올리브유 1큰술을 두른 뒤 소금과 후추, 향신료, 허브 등을 취향껏 토핑한다.

도시생활자의 식탁

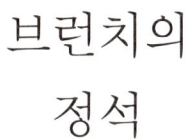

브런치의
정석

―――

뉴욕, 익히 머릿속에 풍경이 그려지는 마천루와 옐로캡, 붉은 벽돌집과 햇볕이 찰랑이는 가로수 가득한 거리. 그리고 뉴욕의 도시만큼이나 광활하게 펼쳐진 도심 곳곳의 레스토랑.

《위대한 개츠비》와 포효하는 20년대 the roaring twenties, 프랭크 시나트라의 〈New York, New York〉. 앤디 워홀/장 미셸 바스키아/키스 해링을 낳은 팝아트의 도시, 익스트림 Extreme의 〈When I first Kissed you〉 선율을 따라 흐르는 로맨스 넘치는 도시의 밤. 21세기 세계사의 지형을 뒤흔든 911 테러와 그라운드 제로.

문화와 유행을 앞지르며, 명실공히 세련된 도시인의 표상으로 자리 잡은 뉴욕 스타일. 뉴요커가 선도한 식문화가 바로 아침과 점심 사이의 여유를 만끽하는 '브런치'죠.

브런치라는 용어는 19세기 말, 산업혁명 이후 급변하는 세계 정세와 그에 맞물린 새로운 라이프스타일이 만연한 가운데 영국에서 파생된 신조어입니다. 1895년 작가 가이 베링거 Guy Beringer는 잡지에 '브런치-청원'이라는 기사를 투고하면서 새로운 문화를 제안했습니다.

바로 토요일 밤 흥청망청 즐기고 난 뒤 밀려오는 숙취를 일요일 오전까지 유예하자는 것이죠. 휴일인 다음날, 아침 일찍 일어날 것도 없이 느지막이 눈을 뜬 애매한 시간에 커피와 마말레이드를 곁들인 식사를 느긋하게 즐기자는 얘기입니다. 그가 제안하는 브런치는 자신은 물론, 함께 식사를 나누는 누군가의 마음 또한 차분하게 가라앉히며 모두에게 만족감을 줍니

도시생활자의 식탁

다. 브런치를 즐기는 동안은 걱정과 근심은 누그러들고 한 주간 쌓인 피로와 권태는 사라지죠.
100년도 지난 이야기지만 21세기를 살아가는 도시인의 일상을 생생하게 묘사해 놓은 것만 같습니다.
지금 여기 지구 반대편에서 또 다른 도시에 살고 있는 어떤 사람은 뉴욕이라는 도시의 생태계가 일궈 놓은 파사드를 기억 속에 그리며 '도시의 맛'을 떠올리려 합니다. 이렇게 도시의 맛을 그리워하는 또 다른 도시인의 일상이 흘러가고 있네요.

사과 샐러드

재료 | 어린잎채소 50g, 새싹채소 50g,
2인분 기준 훈제 닭가슴살 1장, 후레시 모차렐라 치즈 50g,
사과 1/2개, 견과류 약간, 올리브유 1큰술,
글레이즈드 발사믹 1과 1/2큰술

1. 샐러드 접시에 어린잎채소와 새싹채소를 펼치듯 쌓아 올린다.
2. 사과 1/2개를 2등분한 뒤 0.5cm 두께로 슬라이스한다.
3. 훈제 닭가슴살과 후레시 모차렐라 치즈는 사과 모양과 비슷한 크기로 손질한다.
4. 견과류를 손으로 으깨어 샐러드 위로 토핑한 뒤 올리브유와 글레이즈드 발사믹을 서너 바퀴 돌려 주면 완성.

도시생활자의 식탁

에그 베네딕트

재료 | 어슷썰기한 캉파뉴 4쪽, 달걀 4개, 베이컨 4장,
2인분 기준 | 아스파라거스 8개, 식초 1큰술, 버터,
| 소금, 후추 약간씩

● 홀란다이스 소스

재료 | 달걀 노른자 2개, 버터 120g,
| 화이트 비네가 1작은술, 레몬즙 1/2작은술,
| 소금 1꼬집

믹싱볼에 따로 분리한 달걀 노른자 2개를 화이트 비네가와 레몬즙을 넣고 중탕으로 약 30-40초간 휘핑한다. 노른자가 열에 의해 점성이 생기기 시작하면 중탕으로 녹인 버터를

서너 번 나누어 부어가며 농도를 조절한다. 마지막으로 소금 1꼬집으로 간을 맞춘다. 홀란다이즈 소스는 꿀과 유사한 농도로 끈적하게 흘러내리는 정도가 좋다.

Tip _ 소스가 완성되기 전까지 중약불로 끓는 냄비 위에서 중탕으로 재빠른 휘핑을 지속해주어야 한다.

1. 끓는 물에 식초 1큰술을 넣고 숟가락 등으로 휘저은 뒤 달걀을 넣고 구심력을 활용해 수란으로 2분간 익힌다. (국자나 오목한 볼에 달걀을 담아서 넣어주면 형태 잡기가 수월하다.)
2. 구멍 뚫린 국자로 수란을 건져 접시에 담아 둔다.
3. 예열한 팬에 버터를 녹이고 약불로 빵과 아스파라거스를 굽는다. 베이컨은 바싹 익힌다.
4. 접시에 빵을 담고 베이컨, 수란을 차례로 얹는다.
5. 홀란다이즈 소스를 수란 위로 듬뿍 뿌린 뒤, 아스파라거스를 살짝 얹는다.
6. 후추와 잘게 다진 차이브 등의 허브를 곁들여도 좋다.

도시생활자의 식탁

도시생활자의
입맛

도시 생활을 지속하기 위해서는 몇 가지 사소한 팁이 필요합니다. 도심 번화가로는 굳이 차를 몰고 나가지 말 것, 도시를 감싸 안은 천혜의 자연환경 -산이나 강과 같은-을 충분히 누릴 것, 그리고 대형마트에서 장을 보기 위해서는 휴일 낮 시간을 피할 것 등등.

대형마트의 존재는 반드시 필요한 건 아니지만 충분조건으로써의 역할은 다분하죠. 스카이라인 아래 도심을 가르는 교통 속에서 익숙한 도시의 분위기를 환기하며, 마트에 새로 진열된 상품 틈에서 자본주의의 총아로서 역할 또한 톡톡히 해내고야 말죠. 무엇보다, 고된 쇼핑 끝에 스낵 코너에서 맛보는 마트의 시그니처 메뉴는 굳이 살 것이 없음에도 불구하고 소비의 욕망을 부추기는 굴레와 같다고나 할까요. 그리고 수년째, 그 굴레에서 벗어나지 못하는 어느 '도시생활자'의 입맛이 있습니다.

갖은 핑곗거리를 들먹이며 도시생활자의 기꺼운 나들이에 언제나 '콜'을 외치지만, 어쩐 일인지 돌아오는 주말엔 조금은 한가로이 맛의 기억을 더듬고 싶네요. 마침 소비의 굴레 속에서 냉동실에 몽땅 쟁여둔 재료가 잔뜩 쌓여 있기도 하고요.
완성된 베이크를 눈앞에 두고서, 익숙한 냄새와 모양새에 흡사 스낵 코너에 앉아 있는 듯한 착각이 일기도 합니다. 식탁 아래 종아리 사이로 부드럽게 스쳐가는 고양이 두 마리의 촉감에 비로소 한가로운 주말, 한낮의 태양빛 파동이 고요하게 일렁이는 이 사적인 공간이 되돌아오네요.
스낵 코너 구석의 무한리필이 가능한 탄산음료 디스펜서가 슬며시 생각나려던 찰나, 바닥을 드러낸 고양이 모래가 마트 나들이를 재촉합니다. 달력에 표시된 건 아니지만 일련의 연결고리가 생활의 지속성을 이끌고 있죠. 그렇게 도시 속에서 삶을 이어가는 도시생활자의 일상이 지속되고 있습니다. 고양이 모래를 싣고 돌아오는 길에 한 손에 들려 있을 탄산음료와 그날의 기분에 따라 고른 어떤 스낵을 머릿속에 그려봅니다.

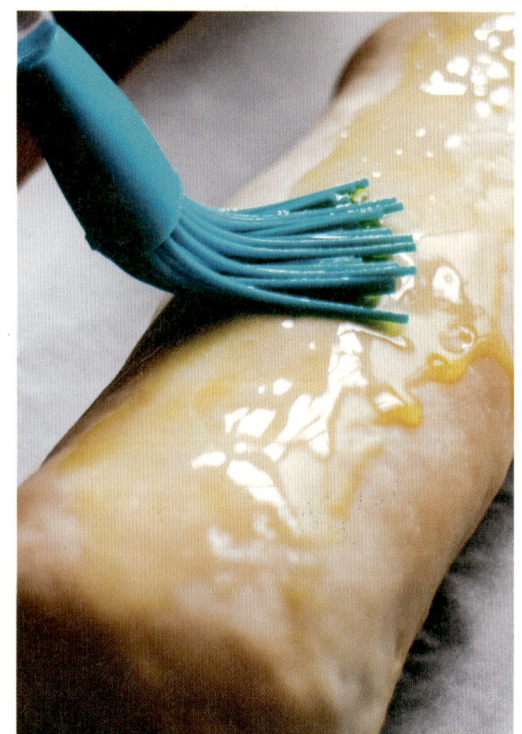

불고기 베이크

재료	도우 - 강력분 240g, 소금 3g, 이스트 3g, 설탕 15g, 물 160ml
약 25cm 길이의 베이크 2개 분량	불고기용 소고기 300g, 모차렐라 치즈 150g, 그라나 파다노 치즈 10g, 올리브유 약간
	불고기 양념 - 간장 4큰술, 설탕 1과 1/2큰술, 다진 마늘 1큰술, 다진 파 2큰술, 청주 1/2큰술, 강판에 간 배 또는 사과 1/4개, 후추 약간

1. 도우 재료를 반죽기에 넣고 15-20분간 돌린 뒤, 상온(25도, 습도 60%)에서 1시간가량 숙성한다.
2. 불고기는 양념에 30분가량 재운 다음 달군 팬에 기름을 두르고 수분이 날아갈 때까지 자작하게 볶아 식힌다.
3. 숙성된 도우를 꺼내 이등분한 뒤 밀대를 사용해 얇게 편다.
4. 모차렐라 치즈-불고기-모차렐라 치즈 순으로 도우 반죽 위로 내용물을 쌓는다.
5. 내용물이 새어나가지 않도록 만두를 빚듯 도우를 꼬집어가며 속을 감싼다.
6. 약 20분간 2차 숙성을 거친 베이크 위로 올리브유를 바르고 파마산 치즈를 토핑한다.
7. 180도로 예열된 오븐에 20-25분가량 구워내면 완성.

> Tip _ 손반죽을 할 경우 믹싱볼에 재료를 한데 섞은 뒤 빨래하듯 밀고 접기를 반복한다. 표면이 매끄러워지고 반죽을 늘렸을 때 끊어지지 않고 부드럽게 늘어날 정도면 된다. 완성된 반죽은 둥근 공 모양으로 모아 밀폐 용기에 담아 숙성을 거치면 된다.

도시생활자의 식탁

이탈리아에서 온
빨간 맛

그날 저녁은 마트 한편에 놓인 헐값의, 썩기 직전 완숙 토마토 한 바구니로 마무리되는 듯했습니다. 그렇게 완숙 토마토를 우연히 발견하는 날이면, 습관적으로 아라비아타 소스를 만들게 돼요. 마늘, 양파, 토마토, 고추, 바질과 파슬리 등의 허브를 올리브유에 졸여 냄비가 자작하게 줄어들면 어느새 시간은 자정을 향해 가고, 왠지 영화 〈라따뚜이〉의 주방을 연상케 하는 소스 냄새가 침실 베갯머리까지 잠식한 늦은 밤이 찾아오죠. 잠자리에 들라치면, 밤새 요정이 나의 아라비아타 소스 한가운데 마법의 가루를 뿌려 놓을 것만 같은 터무니없는 상상이 밀려오기도 합니다. 밤 사이 졸여 둔 소스가 맛있게 응축되길 바라는 마음에서요.

Tip _ 아라비아타 소스 sugo all' arrabbiata는 마늘, 토마토, 고추, 허브 등을 올리브유에 졸여 만든 매운 소스입니다. 아라비아타는 이탈리아말로 '화난'이라는 뜻이에요. 매운 페퍼론치노를 듬뿍 넣기 때문에 붙여진 이름이라고 합니다. 아라비아타 소스는 한 번 끓여 놓으면 파스타, 미트볼, 피자, 라자냐 등 다양한 요리에 활용할 수 있습니다. 시중에서 흔히 구할 수 있는 토종 찰토마토는 수분이 적고, 단단한 과육질 때문에 소스용으로 다소 부적합니다. 그러나 최근 다양한 품종 개량으로, 짭짤이 토마토나 외래종인 깜빠리 토마토 또한 어렵지 않게 구할 수 있어요. 붉고 예쁜 토마토가 뜨거운 소스 속으로 무자비하게 녹아들어 가는 게 못내 아쉽다면, 마지막에 껍질을 제거한 방울토마토를 살짝 곁들여도 좋아요. 아라비아타 소스로 완성한 요리 가운데 빛나는 방울토마토의 영롱한 모양도 예쁘고 입안에서 새콤 달콤한 과즙이 퍼지는 것도 재밌거든요.

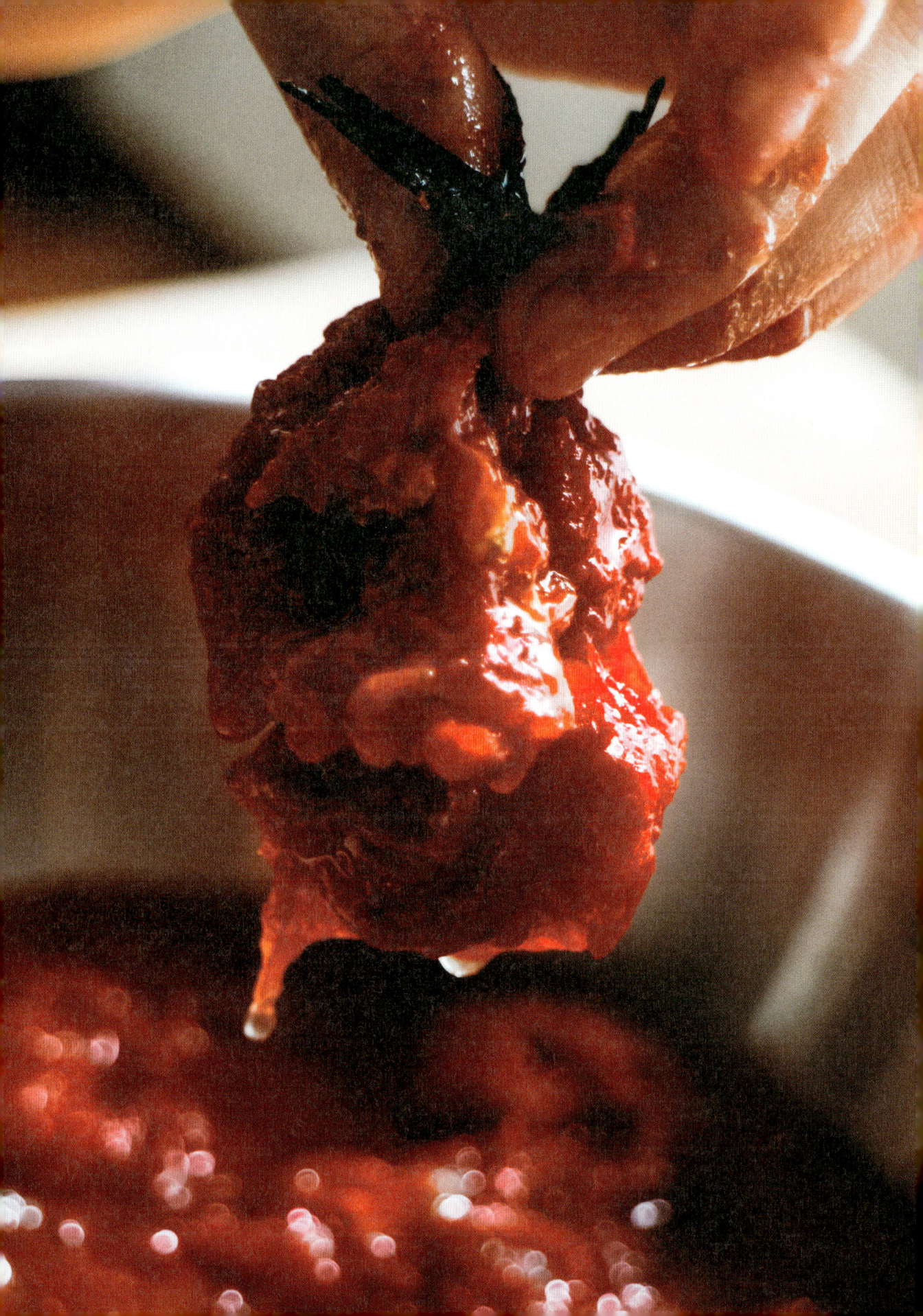

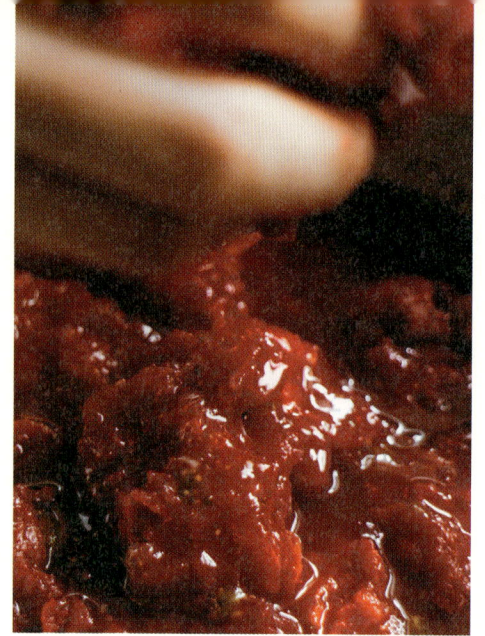

아라비아타 소스

재료 | 짭짤이 토마토 2kg, 방울토마토 15개, 양파 1개, 다진 마늘 2큰술, 올리브유 3큰술, 페퍼론치노 1큰술,
1L 밀폐 | 바질 가루 1작은술, 파슬리 가루 1작은술, 소금 적당량, 후추 약간
보관용기 분량

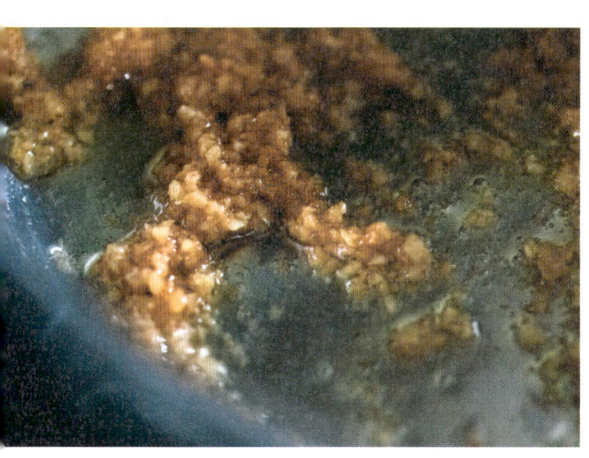

1. 토마토는 열십자로 칼집을 내어 끓는 물에서 1분간 데친 뒤 식혀 껍질을 벗긴다.
2. 달군 팬에 올리브유를 충분히 두르고 다진 마늘과 양파를 볶아준다. 이 때 소금과 후추로 밑간을 한다.
3. 손질한 토마토를 팬에 넣고 소금 적당량을 첨가해 페이스트 형태가 될 때까지 졸인다(중불에서 한 시간 이상).
4. 수분이 졸아들어 페이스트 형태가 되면 페퍼론치노, 바질과 파슬리 가루, 후추를 첨가해 10-20분가량 더 졸인다.
5. 방울토마토 역시 데친 후 껍질을 벗긴다.
6. 완성된 아라비아타 소스에 손질한 방울토마토를 넣고 뒤적이듯 섞어 소독한 공병에 담으면 완성.

• 냉장고에서 일주일 정도 보관이 가능하다. 소분한 뒤 냉동해서 사용해도 유용하다.

3분
요리의
추억

팝아트와 아방가르드, 예술 전방위로 이미 제 몫을 토해 놓은 텔레비전을 위시한 미디어의 확장성은 가히 놀라웠습니다. 어린 시절 아름다운 추억을 떠올리려 하면 칼라풀하고도 휘황찬란한 텔레비전을 빼놓고 이야기를 이어갈 수 없을 정도니까요.

그땐 프로그램 중간에 흘러나오는 광고조차 놓칠 수 없는 재미의 한 요소였어요. 눈과 귀를 통해 흘러드는 이미지의 향연 그리고 사운드의 퍼레이드는 어느덧 머릿속을 잠식해갔고 상상 속으로 미지의 감각을 자극하고 있었습니다.

순수한 어린 마음은 광고 캐치프레이즈에 충실하게도 무언가 특별한 날, 대접받고 싶은 기분이 들 때면 슈퍼마켓 한쪽 벽면에 빼곡히 진열된 '3분 요리' 코너로 발길을 이끌었죠.

하지만 '3분 요리'라는 것은 일단, 전자레인지가 있어야 활용도가 높았고 (90년대 초중반, 전자레인지는 내로라하는 부잣집에 들여놓았던 호화 가전제품이었다.) 당시 인스턴트식품은 몸에 해롭다는 부모님 세대의 철칙과 괴리 탓에 마음 놓고 즐길 수 있는 종류의 그런 것이 아니었습니다.

어김없이 다가온 휴일. 온 세상에 내려앉은 여유롭고 고즈넉한 분위기에 모두들 평화로운 한때를 보내고 있었을 것입니다. 망중한의 시간이 부모님의 마음을 건드렸는지, 그렇게 휴일이 오면 한번씩 대망의 '3분 요리'를 맛볼 수 있었죠! 그것도 전자레인지를 이용하는 대신 냄비에 물을 넣고 열을 가해 물과 함께 데우는 레토르트 파우치의 특성을 십분 발휘해서 말이에요. 그땐 대단한 정성도 수고도 필요치 않았던 인스턴트 3분 요리가 어찌나 맛있게 다가왔던지. 다음날까지도 혀끝에 맴돌던 맛의 여운을 곱씹어 보곤 했으니까요.

바야흐로 세월은 흘러갔습니다. 텔레비전이 압도적으로 행사하던 미디어의 영향력은 인터넷이 지분을 나누어 갖게 되었고, 전자레인지는 한때 불어닥친 웰빙의 여파로 정크 푸드용 도구로 그 지위가 격하된 감이 있습니다. 그리고 나의 어린 시절 추억의 맛으로 각인된 3분 요리는 독립에 따른 자취 생활에서 일상의 동반자가 되어감에 따라 그 특별함도 서서히 희석되어 갔죠.

일상의 항해 중, 지금은 또 다른 삶의 단계에 이르렀습니다. 나의 라이스프타일 속엔 텔레비전이 사라졌고 간편한 인스턴트식품은 더 이상 특별식이 아니죠. 어느덧 어른이 되어버린 내 모습. 어렴풋이 펼쳐진 어린 시절의 몽글몽글한 분위기와 젊고 어리석었던 청춘의 주린 배를 위로해주던 3분 요리를 추억하며, 텔레비전의 홍수 속에서 노닐던 어린 시절과 그 추억을 타고 어렴풋이 흐르는 텔레비전 사운드의 백색 소음이 왠지 그리움으로 다가오는 요즘이네요.

미트볼 파스타

재료 | 스파게티 면 160g, 아라비아타 소스 300g, 그라나 파다노 치즈 20g, 빨간색과 주황색 방울토마토 4개씩
2인분 기준 미트볼 - 돼지고기 다진 것 150g, 소고기 다진 것 150g, 양파 1/2개, 다진 마늘 1큰술, 다진 파 1큰술, 굴소스 1큰술, 빵가루 2큰술, 케첩 1큰술, 생강 가루 1작은술, 청주 1작은술, 달걀 1개, 소금 적당량, 바질과 파슬리, 로즈메리 가루, 후추 약간씩

1. 달군 팬에 버터를 두르고 다진 양파, 파, 마늘을 넣어 연한 갈색빛이 날 때까지 볶은 뒤 식혀둔다.
2. 볼에 모든 재료를 담고(1의 식힌 재료 포함) 찰기가 생길때 까지(약 5분 이상) 치댄다.
3. 먹기 좋은 크기로 떼내 동그란 경단 모양으로 빚는다.
4. 달군 팬에 미트볼을 넣고 굴려가며 골고루 익힌다.
5. 다른 팬에 올리브유를 두르고 아라비아타 소스와 알맞게 익은 스파게티 면을 넣고 섞어준다. 이때 소금과 후추, 향신료 등의 양념을 기호에 맞게 첨가한다. 마지막에 익힌 미트볼을 넣어 잘 섞는다.
6. 접시에 면을 먼저 옮겨 담고 미트볼을 접시 바깥으로 플레이팅한 뒤 나머지 소스를 골고루 부어준다.
7. 뜨거운 물에 살짝 데친 방울토마토는 껍질을 벗겨 미트볼 사이사이에 놓는다.
8. 완성된 접시 위로 그라나 파다노 치즈를 그레이터로 갈아 흩뿌려주고, 바질 등의 허브 장식으로 마무리한다.

한 손 가득
든든하게

미트볼을 굴리며 다진 실력으로 크고 넓적한 미트볼쯤 되는 '함박스테이크'를 만들어보는 건 어때요? 사실, 미트볼은 함박스테이크의 전주곡과도 같았어요. 작고 앙증맞은 고깃덩어리에 응축된 그 맛 말이에요.

그렇다면 이번엔 덩어리를 손바닥 크기만큼 두툼하게 뭉친 뒤 마치 호떡 뒤집듯 지그시 눌러주세요. 생각하는 두께보다 조금 더 얇게 펴 주는 것이 좋아요. 뜨거운 팬 위에서 햄버그가 익어갈 땐 뭉쳐진 고깃덩어리의 육즙이 팽창하며 가운데가 봉긋 부풀어 오르거든요.

잘 익은 햄버그에 갓 지은 밥과 다채로운 채소 구이를 곁들이면 훌륭한 한 끼가 완성돼요. 누군가에게 대접해도 좋을 만큼요. 참, 로즈메리를 곁들인 웨지감자 구이도 별미예요! 메인 디시의 가니시가 고민된다면, 망설이지 말고 로즈메리 향을 덧입은 감자 구이를 올려보세요. 그 맛은 제가 보증할게요!

함박스테이크

재료
**함박스테이크
2개 분량**

감자 2개, 로즈메리 2줄기, 올리브유 2큰술, 소금 적당량, 후추 약간, 가지와 애호박 1/3개씩, 붉은색과 노란색 파프리카 1/2개씩, 모차렐라 치즈 50g

소스 - 돈가스 소스 100g, 굴소스 1큰술, 케첩 1큰술, 발사믹 식초 1큰술, 꿀 1큰술, 소금과 후추 약간씩

1. 감자는 웨지 모양으로 썬 뒤 올리브유 2큰술과 소금 적당량, 후추에 러빙하듯 문지른다. 로즈메리는 어린잎을 떼어내 감자에 향이 스미도록 잘 섞어준다.
2. 180도 예열된 오븐에 20분간 굽는다.
3. 햄버그는 양손을 사용해 동그랗게 뭉친 뒤 접시에 내려놓고 가운데를 지그시 눌러 납작한 형태로 만든다.
4. 예열한 팬에 기름을 두르고 햄버그를 앞뒤로 10-15분간 굽는다. 잘 익은 햄버그 위에 치즈를 얹어 팬의 여열로 녹인다.
5. 팬에 기름을 두르고 어슷썰기 한 채소를 소금과 후추로 간을 맞춰가며 센 불에 볶는다.
6. 소스팬에 소스 재료를 적당량 옮겨 담은 뒤 농도를 조절해가며 끓인다.
7. 접시에 햄버그를 옮겨 담고 소스를 뿌린 뒤, 밥과 채소를 곁들인다. 마지막으로 오븐에서 구워 나온 웨지감자도 함께 곁들인다.

도시생활자의 식탁

나의
반쪽

못사람의 일관된 취향이 쌓여 맛의 궁합을 이뤄낸 것에는 리듬이 깃들어 있습니다. 자칫 밋밋할지도 모르는 하나의 재료가 다른 반쪽을 만나 뜻밖의 화학 반응을 보여주기도 하는데요.

예를 들면, '애플 시나몬'은 사과와 향신료인 시나몬의 조합을 일컫는 말이에요. 마치 '레몬 진저'와 같이 어딘가 허전한 맛의 공백을 빈틈없이 서로 메꿔주는 맛의 궁합이죠.

서로의 '반쪽'에 대해 얘기하자니 문득 플라톤의 《향연》 속 내용이 떠오르는군요. 《향연》은 그리스 철학자와 작가들이 연회장에서 펼친 '에로스 신'에 대한 오마주를 극 형식의 텍스트로 구성한 문집입니다. 책 속엔 희극작가 아리스토파네스의 안드로기노스족(인간이 등을 마주 대어 일체가 된 인간의 조상론)에 관한 이야기가 있습니다.

아주 먼 옛날 인간은 두 명의 사람이 등과 등을 맞댄 채 두 개의 얼굴과 여덟 개의 팔과 다리로 살아가고 있었습니다. 신들은 인간들이 두려워지기 시작했죠. 어느 날, 신들 중에 가장 힘이 센 토르가 거인족을 멸망시켰던 것처럼 망치로 인간들을 죽여버리겠다고 선언했습니다. 신들의 왕인 제우스는 자신이 직접 나서, 고래의 발을 자르고 공룡을 조각내 도마뱀을 만들었던 것처럼 번개로 인간을 둘로 갈라놓았죠. 만약, 또다시 신들을 분노하게 만들면 한 번 더 번개로 반을 쪼개 갈라놓을 것이라는 충고와 함께요.

풍부한 상상력을 가진 그리스인들의 재치가 엿보이는 대목입니다. 말도 안 되는 이야기 같지만, 평생 '반쪽'을 찾아 헤매는 인간의 마음을 이보다 더 그럴듯하게 설명할 수 있을까요? 완전한 '하나'가 되기 위한 욕망을 우리는 바로 '사랑'이라 부르죠.

맛에도 숨겨진 반쪽이 있을 겁니다. 바로 애플과 시나몬처럼 말이죠. 시나몬 나뭇가지에 주렁주렁 달린 사과를 상상하며 태초의 맛을 그려 봅니다. 바로 사랑의 맛이 아닐까요.

애플 시나몬 토스트

재료	캉파뉴 등의 식사빵 4조각, 달걀 3개, 우유 100ml, 바닐라 농축액 3-4방울, 버터 2큰술, 소금 1꼬집
2인분 기준	애플 시나몬 시럽 - 비정제 사탕수수 50g, 물 100ml, 계핏가루 1큰술, 시나몬 스틱 1개, 사과 1개, 슬라이스 아몬드와 슈가파우더 약간씩, 애플민트 2줄기

1. 믹싱볼에 달걀을 부드럽게 풀어준 뒤 우유와 바닐라 농축액, 소금 1꼬집을 넣고 잘 섞는다.
2. 슬라이스한 빵을 달걀물에 충분히 적신다.
3. 약불에서 버터를 녹인 뒤 빵을 앞뒤로 굽는다.
4. 사과는 껍질을 깎고 웨지 모양으로 썰어 준비한다. 물 100ml에 사탕수수 원당을 넣고 약불에서 천천히 녹인다. 원당이 완전히 녹으면 준비한 사과를 넣고 센 불에서 한풀 끓여준다.
5. 사과에서 수분이 빠져나와 물러지기 시작하면 계핏가루와 시나몬 스틱을 넣고 함께 졸인다.
6. 캉파뉴 토스트를 2단으로 쌓고 졸인 사과와 시나몬 시럽을 듬뿍 뿌린다.
7. 슬라이스 아몬드, 슈가파우더, 계핏가루로 토핑한 뒤 애플민트로 장식한다.

도시생활자의 식탁

차가운 것이
좋아

제가 얘기했던가요. 여름을 좋아한다고요. 그것도 아주 많이. 하루가 다르게 농익어가는 풍부한 식재료는 넘쳐흐르고, 길게 늘어진 태양빛 사이로 왠지 시간이 천천히 흐르는 듯한 착각이 이는 계절이죠. 통통하게 물오른 싼값의 신선한 제철 먹거리 또한 가득한 계절 틈에서, 이른 새벽부터 늦은 저녁까지 기나긴 하루가 이어지는 여름 속에서는 저도 모르게 여유를 부리게 돼요.

그런데, 단 한 가지 아쉬운 점이 있다면 고온다습한 무더위로 인해 부엌에서 보내는 시간을 최소화하게 된다는 것입니다. 조리를 위해선 대부분 열을 내는 가전제품을 거쳐야 하니까요. 그래서 여름에는 종종 자연스럽게 발열을 최소화한, 차갑게 먹을 수 있는 요리를 즐기곤 해요.

여름 채소, 신선한 치즈, 쇼트 파스타를 활용한 콜드 파스타가 그중 하나입니다. 파스타 삶는 7-8분의 시간만 버티면 여느 때와 다름없이 요리하는 즐거움이 가득한 시간이 이어질 거예요. 바로 어여쁜 형형색색의 여름 채소가 눈앞에 펼쳐지거든요! 때에 따라 애피타이저로, 또는 한 끼 식사로도 손색없는 콜드 파스타 샐러드. 바로, 여름의 맛이랍니다.

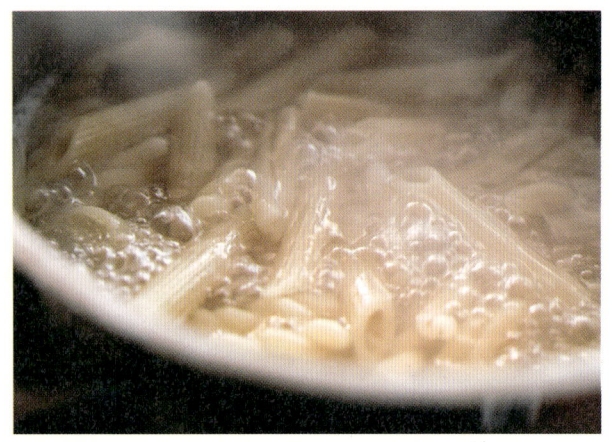

콜드 파스타

재료	쇼트 파스타(펜네, 푸실리, 스트로차프레티) 150g, 주황색과 노란색 파프리카 1/2개씩, 오이 1/2개, 샐러리 줄기 20cm,
<u>2인분 기준</u>	방울토마토 10개, 후레시 모차렐라 치즈 50g, 올리브유와 소금 적당량

오리엔탈 드레싱 - 올리브유 3큰술, 간장 1큰술, 다진 마늘 1작은술, 레몬즙 1작은술, 꿀 2작은술, 통깨 1작은술,
소금 1꼬집, 후추 약간, 파슬리와 바질 가루 약간씩

1. 파스타는 약 7-9분 동안 삶은 뒤 건져 채망에서 물기를 빼고 올리브유와 소금으로 밑간을 한다.
2. 방울토마토는 반으로 가르고, 파프리카, 샐러리, 오이, 후레시 모차렐라 치즈는 비슷한 크기로 썰어 준비한다.
3. 차갑게 식은 쇼트 파스타에 소금과 후추로 밑간을 한 뒤 샐러드 볼에 옮겨 담는다.
4. 파스타 위로 썰어 둔 채소와 치즈를 둘러가며 소복하게 쌓는다.
5. 드레싱을 골고루 뿌린 뒤 바질과 파슬리 가루를 뿌려 마무리한다.
6. 샐러드 스푼으로 파스타와 채소, 치즈 등이 잘 섞이도록 버무린 뒤 개인용 접시에 덜어 낸다.

뜨거운 것이
좋아

파니니panini는 이탈리아식 샌드위치를 일컫는 말입니다. 식재료가 풍부한 나라답게 계절감과 지방색 완연한 파니니의 형태는 각양각색인데요. 우리가 흔히 알고 있는, 그릴에 구워 뜨겁게 먹는 파니니는 90년대 후반, 뉴욕의 한 레스토랑에서 인기를 끌면서 미국식으로 굳어진 것이라 합니다. 바로 여러 식재료들을 차곡차곡 쌓아 두툼해진 빵을 뜨거운 그릴에 구워내는 것이죠.

파니니 속 재료는 정해진 것이 없습니다. 따라서 제철 식재료의 활용도가 높은 요리기도 하죠. 이를테면, 한여름에는 가지가 듬뿍 들어간 가지 파니니를, 가을철에는 고구마와 단호박을 활용한 파니니를 구상해볼 수도 있겠네요. 불고기를 활용한 퓨전 파니니도 밸런스가 훌륭하죠. 단, 주의할 점이 있다면 빵 사이에 들어갈 재료는 최대한 수분을 제거하는 편이 좋아요. 치즈의 양 또한 넉넉하게 준비한다면 빵 사이로 맛있게 녹아든 속 재료의 궁합을 즐길 수 있을 거예요.

제가 만든 파니니는 냉장고 속을 채우고 있던 흔한 자투리 채소와 먹다 남은 빵을 활용한 일상 속의 파니니랍니다. 전용 그릴 없이 오븐에 넣어 무거운 접시를 올려 납작한 형태를 만들었고요. 아마 오븐이 없었더라면 프라이팬을 약불로 달궈 무거운 접시를 올린 뒤 앞뒤로 구워냈을 겁니다. 자, 이 글을 읽으셨다면 각자 원하는 모양의 개성 넘치는 따끈따끈한 파니니를 구상해보시길!

파니니 샌드위치

재료
2인분 기준

통밀빵 4조각, 양파 1/2개, 햄 100g, 토마토 1개, 시금치 50g, 느타리버섯 30g, 블루치즈 30g, 체다치즈 30g, 모차렐라 치즈 50g, 소금과 후추, 버터 약간씩

드레싱 - 마요네즈 2큰술, 홀그레인 머스터드 1작은술, 꿀 1작은술, 파슬리 가루 약간, 글레이즈드 발사믹 2작은술

1. 약불로 달군 팬에 버터를 녹이고, 다진 양파를 볶는다.
2. 잘게 찢은 느타리버섯과 2-3등분한 시금치, 짧게 채 썬 햄을 추가해 소금과 후추로 간을 하고 수분이 충분히 날아갈 때까지 볶아준다.
3. 글레이즈드 발사믹을 제외한 드레싱을 골고루 섞은 뒤 빵 한쪽 면에 펴 발라준다.
4. 볶은 채소와 햄을 드레싱 위에 얹는다.
5. 슬라이스 토마토를 올린 뒤 글레이즈드 발사믹을 펴 바른다.
6. 한쪽엔 모차렐라 치즈를, 다른 한쪽은 블루치즈와 체다치즈를 얹어 다양한 맛을 낸다.
7. 파니니 그릴에 굽는다. 그릴이 없으면 무거운 접시로 눌러 오븐이나 팬을 활용해도 된다.

도시생활자의 식탁

일상의 새로움

일상에서 접하는 식재료에서 벗어나 새로운 맛과 조우하는 일은 꽤 즐겁습니다. 오크라, 버터 스쿼시, 래디시, 엔다이브 등등 말이죠. 그런데 아주 생소한 외래종을 제외하고, 낯선 식재료에서 왠지 익숙한 맛을 느껴본 적 없으셨나요?

잘려진 단면이 마치 한 송이 꽃처럼 생긴 오크라는 쌉쌀한 맛과 진액이 입안에 퍼지는 채소예요. 기다란 조롱박 같이 생긴 버터 스쿼시는 호박의 일종이고요. 맛은 그 이름에도 담겨 있듯이 버터의 풍미가 부드럽게 입안을 감싸죠. 속이 꽉 차오른 늙은 호박에 버터를 첨가한 맛 정도로 표현하면 되려나요. 탁구공 크기만 한 붉은 래디시는 우리가 익히 알고 있는 겨울 무의 미니어처라고 생각하면 돼요. 심지어 그 맛까지도요! 엔다이브 또한 배추의 작은 버전이라 할까요. 살짝 쌉싸름한 맛이 풍기는.

서론이 길었습니다. 이번에 소개할 요리는 호랑이콩 샐러드예요. 시골 텃밭에 들렀다가 아버지가 정성껏 가꾸는 콩나무 덩굴 사이 드리운 신비로운 콩 무늬에 반해 한아름 쟁여 오고야 말았죠. 설레는 마음으로 콩을 손질하던 중 콩깍지 속으로 영근 콩알 또한 자줏빛 무늬로 빛나고 있는 걸 발견했습니다. 마치 물과 기름이 서로 퍼져 나가는 우연의 마블링처럼이요. 겹치는 것 없이 모두가 상이한 콩알 하나하나의 무늬는 별개의 예술작품처럼 느껴졌습니다.

호랑이콩은 껍질과 알맹이를 둘러싼 무늬가 마치 호랑이 얼룩 같아서 붙여진 이름입니다. 쉽고 단순하며 직관적인 뭇사람들의 작명 센스란! 그런데, 그 맛은 익히 우리가 알고 있는 강낭콩과 다를 게 없어요. 실제로 호랑이콩은 강낭콩과의 하절기에 나는 여름콩인 셈이죠. 포슬포슬한 식감의 그 콩의 맛 말이에요. 단, 열을 가해 조리하고 나면 콩을 감싸고 있던 호랑이 무늬는 사라지고 없다는 점에 아쉬워 않기를.

호랑이콩 샐러드

재료 | 호랑이콩 100g, 렌틸콩 100g, 훈제 닭가슴살 1장, 블랙 올리브 10개, 방울토마토 10개, 슈레드 모차렐라 치즈 50g,
2인분 기준 | 양파 1/4개, 바질과 파슬리 잎 2-3줄기씩
드레싱 - 올리브유 2큰술, 레몬즙 1작은술, 발사믹 식초 1작은술, 소금과 후추 약간씩

1. 호랑이콩은 끓는 물에서 7-8분 삶은 뒤 채반에 받쳐 식힌다.
2. 렌틸콩은 물을 3배수 이상 잡고 끓는 물에서 10-15분간 삶는다.
3. 올리브는 통으로 썰고 양파는 0.5mm 크기로 잘게 다진다.
4. 닭가슴살은 큐브 모양으로 손질한다.
5. 방울토마토는 1/2, 1/4 크기 등으로 먹기 좋게 자른다.
6. 샐러드 볼에 손질한 재료를 하나씩 둘러가며 플레이팅한다. 파슬리와 바질은 어린잎을 골라 손으로 잘게 찢어 토핑한다.
7. 드레싱을 뿌려 완성한다.

아늑함의
맛

좋아하는 단어의 조합이 몇 가지 있습니다. 샌드위치와 커피, 고양이와 낮잠, 해변과 맥주, 비틀스와 츄잉캔디, 카스텔라와 우유 같은. 그중에서도 감자와 빵이라고 하면 원초적인 아늑함에 가까운 정서로 다가옵니다.

웬일인지는 잘 모르겠어요. 밀도 높은 빗방울이 온종일 추적추적 내리는 날, 길 위에서 무방비 상태로 궂은 날씨와 대면했을 때 우여곡절 끝에 나만의 보금자리로 귀환하며 느꼈던 감회와 비견되려나요. 차갑게 내려앉은 공기는 순식간에 훈훈해지고 허기진 배는 본능적으로 먹거리를 찾게 되죠. 빵과 감자, 따듯한 커피 한 잔으로 서서히 달아오르는 체온.

여름이 오면 빵 만들기에 완벽한 온도와 습도에 자연스럽게 반죽기와 오븐을 돌리게 되요. 하지 무렵 텃밭에서 캔 감자 서너 알에 밀가루 두 컵, 소금과 올리브유, 파슬리와 치즈 토핑으로 아늑함을 안겨주는 감자빵. 아마 어디선가 흘려본 반 고흐의 작업노트 탓인지도 모르겠습니다.

나는 램프 불빛 아래에서 감자를 먹고 있는
사람들이 접시로 내밀고 있는 손,
바로 자신을 닮은 그 손으로 땅을 팠다는 점을
분명히 보여주려고 했다.
그 손은 손으로 하는 노동과 정직하게 노력해서
얻은 식사를 암시하고 있다.

〈감자 먹는 사람들(1885)〉 작업노트, 빈센트 반 고흐

감자빵 샌드위치

재료	삶은 감자 250g, 강력분 300g, 소금 4g, 이스트 4g, 올리브유 30g, 물 125-150ml
주먹 크기의 감자빵 6개 분량	(감자의 수분기에 따라 농도가 달라질 수 있으므로 물은 적당히 가감해주세요.) 토핑용 굵은 소금과 파마산 치즈, 올리브유 적당량, 파슬리 가루 약간

* 반죽기가 없을 경우 15-20분가량 손 반죽한다. 수분이 많은 반죽이므로 손에 올리브유를 충분히 묻혀가며 글루텐이 부드럽게 늘어날 때까지 치대듯 반죽하면 된다.

1. 감자는 끓는 물에 푹 익힌다.
2. 감자를 적당히 식힌 뒤 껍질을 벗기고 부드럽게 으깬다.
3. 반죽기*에 강력분, 으깬 감자, 소금, 이스트, 물을 넣고 저속으로 내용물이 서로 뭉칠 때까지 돌린다.
4. 약 5분 뒤, 올리브유를 첨가해 중속으로 10분간 더 반죽한다.
5. 반죽이 약 2배 부피로 부풀어 오를 때까지 1차 발효를 거친다. (30도, 습도 60% 언저리에서 약 1시간 미만)
6. 손에 올리브유를 바르고 반죽을 떼어내 주먹으로 감싸듯 공 모양으로 성형한다.
7. 약 20분간 2차 발효를 거친 뒤, 부풀어오른 반죽에 올리브유-소금-파마산 치즈-파슬리를 차례대로 토핑한다.
8. 180도 예열한 오븐에서 20-25분 구워내면 완성.

Tip _ 완성된 감자빵은 샌드위치 빵으로 활용해도 좋아요. 고소하고 담백한 빵이 속재료와 환상의 궁합을 선사하거든요. 반을 가르고 마요네즈, 오이, 토마토, 슬라이스햄, 치즈를 넣어 쁘띠 샌드위치를 만들어 보세요!

복잡한 도시이건 한적한 시골이건 따스한 햇볕과 축축한 토양은 만인에게 공평합니다. 이를 매개로 작은 정성이 보태어진 정원은 누군가의 또 다른 자화상이기도 할 테죠. 그곳엔 계절과 호흡하며 일상을 지속해가는 자양분이 담겨 있습니다.

빛과 바람과 대기의 삼박자가 빚어낸 자연스러운 분위기라면 충분합니다. 그 사이에서 어느덧 한 해도 빠짐없이 절로 씨를 틔우는 향기로운 허브 잎사귀와, 싱그럽게 속이 꽉 차오른 채소들, 절기節氣에 꼭 맞게 토실토실한 씨방과 탐스러운 열매를 맺는 과실수와 랑데부합니다. 때로는 도시의 옥상에서 내려다본 옹기종기한 지붕들이 정겹게 다가오기도 하죠. 옥상 텃밭들 사이로 도심 한가운데 나지막하게 걸친 서산의 실루엣 또한 왠지 고즈넉한 풍경을 자아냅니다.

작은 정원과 부엌의 거리는 고작 다섯 걸음. 나만의 뜰에서 가꾼 계절의 선물을 한 아름 부엌으로 데려와 일상 속 작은 유희를 즐겨 봅니다.

작은 것을
위한
잔치

옥상정원에서 연중 가장 먼저 수확하는 작물은 따사로운 봄볕에 흙을 비집고 윗동을 내미는 래디시입니다. '20일 순무'라는 별칭답게 파종 후 절기가 바뀔 즈음이면 수확의 기쁨을 선사하죠. 앙증맞게 옹골진 뿌리로 십자화과*가 지니고 있는 맛의 정수가 가득 차오른 것만 같아요. 비록 작지만, 예쁘게 잘 자라난 래디시를 위해 '세상에서 제일 작은 파스타'인 쿠스쿠스와 함께 앙상블을 즐겨 볼 거예요. 작은 것을 위한 잔치라고나 할까요.

래디시 쿠스쿠스 샐러드는 쿠스쿠스의 고소하고 담백한 맛과 잘 익은 래디시의 부드러운 식감, 그리고 전체를 아우르는 오일과 허브, 향신료의 밸런스가 즐거운 요리예요. 오븐에서 구워 나온 래디시에선 달콤한 맛이 우러나요. 크기에 따라 익는 정도도 제각각이라 아삭한 식감과 쥬시한 부드러움이 어우러집니다. 음, 샐러드 한 그릇을 비우고 나니 따사로운 봄볕에 취해 잠시 어디엔가 다녀온 것만 같아요.

*십자화과: 네 개의 꽃잎이 십자 형태를 보여주는 배추, 겨자, 무 따위의 식용 작물

래디시 쿠스쿠스

재료	래디시 30뿌리, 쿠스쿠스 반 컵, 올리브유 2큰술, 소금과 후추 적당량,
2인분 기준	바질과 파슬리 가루 약간씩, 고수잎 2줄기

1. 래디시는 윗동과 뿌리를 자르고 잔뿌리에 엉킨 흙을 흐르는 물에 깨끗이 씻는다.
2. 믹싱볼에 담아 올리브유, 소금, 후추, 바질, 파슬리 가루를 섞어 양념한다.
3. 180도로 예열한 오븐*에 10-15분간 굽는다.
4. 쿠스쿠스는 끓는 물에 1분 30초가량 삶는다.
5. 잘 익은 쿠스쿠스는 채반에 받쳐 물기를 빼고 한풀 식힌 뒤 구운 래디시와 버무리듯 섞어준다.
6. 샐러드 접시에 옮겨 담아 고수잎 등의 허브로 장식한다.

* 오븐이 없을 경우 팬을 약불에 맞추고 래디시를 굴려가며 15-20분간 굽는다.

키친 가든

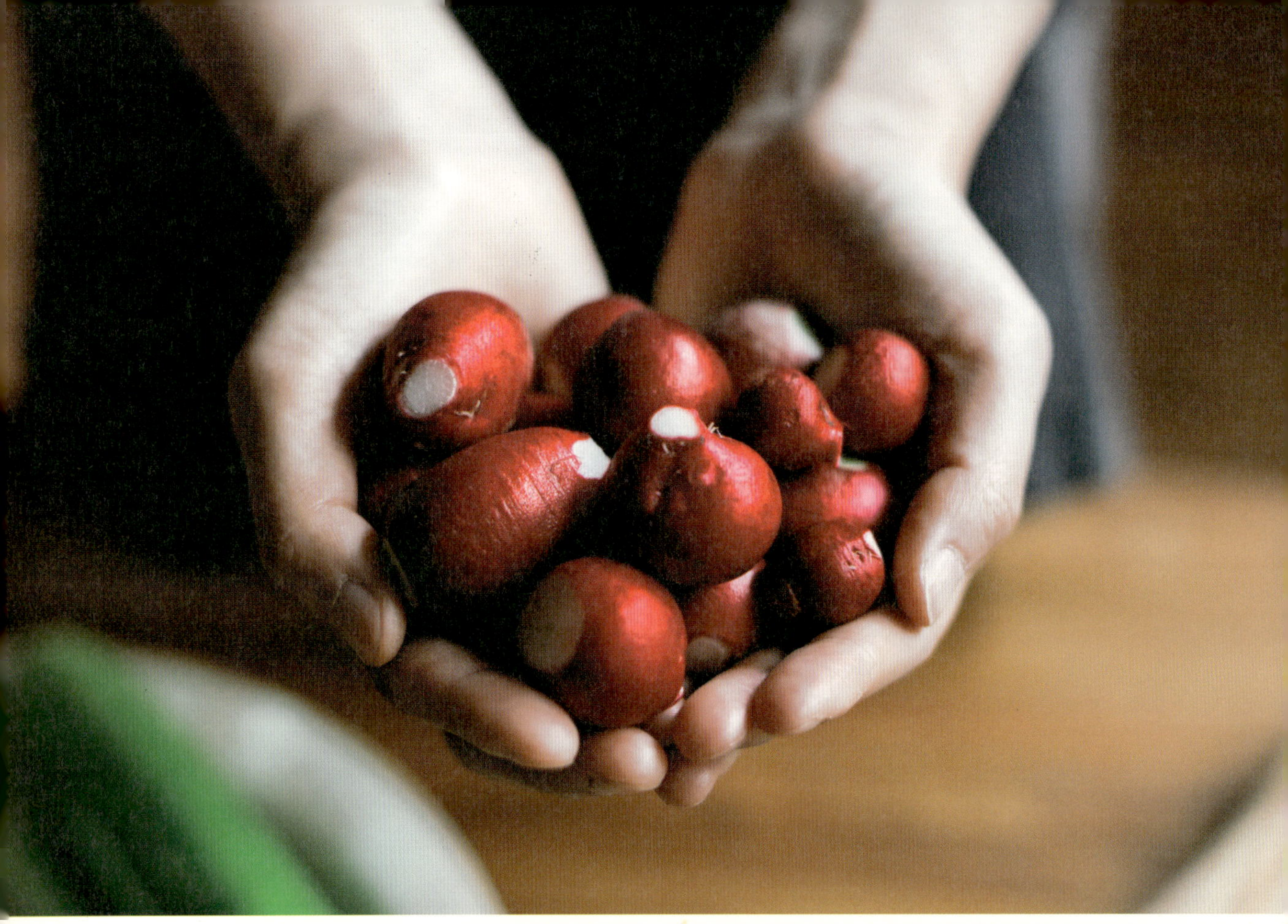
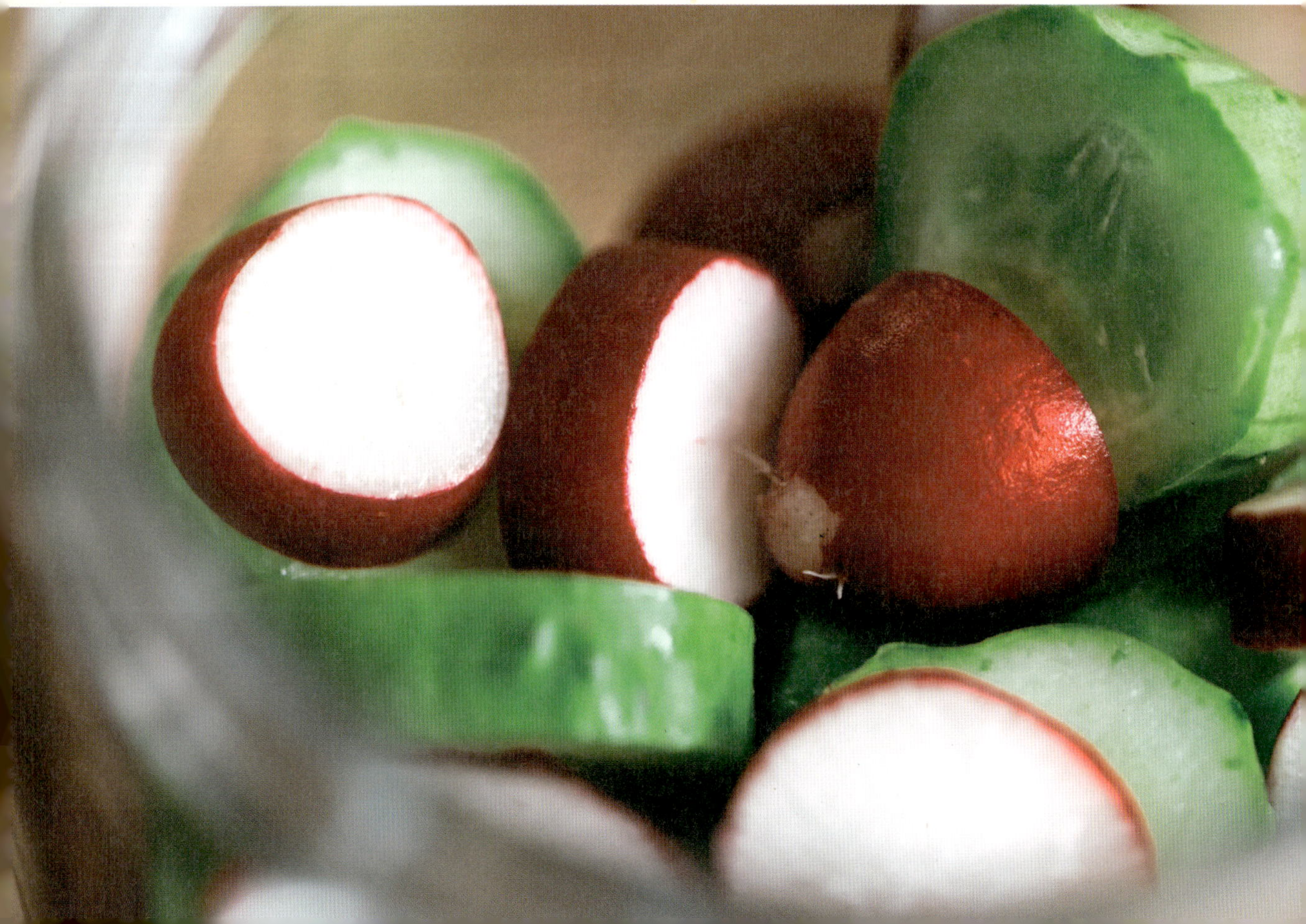

피클
담기
좋은 날

화창하게 맑은 날이면 왠지 무언가를 저장해두고 싶은 욕구가 솟구쳐요. 육안으로 보이는 듯한 태양빛의 파동과 건조하며 청량한 맑은 공기의 입자가 병 속에 담긴 채 오래도록 지속되길 바라는 마음에서요.

그것이 유통기한을 염두에 두지 않아도 언제든 꺼내 먹을 수 있는 피클이라면 좋겠어요. 용기를 개봉하는 순간, 피클을 담갔던 화창한 어느 날의 공기와 질감이 혀끝으로 전해 온다면 좋겠습니다.

래디시는 영하로 기온이 떨어지는 겨울을 제외한 연중 수확이 가능한 뿌리채소입니다. 여느 때처럼 빈 화분에 래디시 씨앗을 파종한 늦여름이었어요. 2주가 지났을까요. 절기가 바뀌고 청량함이 물씬 밀려오던 어느 초가을, 흙을 비집고 올라온 붉은 래디시 윗동이 수확을 재촉하더군요.

짧게 스쳐간 그날의 빛은 투명한 백색에 가까웠고, 비 갠 뒤의 산란으로 부서지듯 사물을 조망했으며 맨살에 닿은 복사열은 살짝 뜨겁다고 느낄 정도였습니다. 피클 주스를 끓이는 동안 코끝을 찌르는 자극적인 식초향과 온갖 향신료의 복합적인 냄새가 후각을 둔하게 만들 지경이었죠.

손질을 마치고 공병에 차곡차곡 담긴 래디시 조각 위로 뜨거운 피클 주스를 붓자 유리병이 래디시의 자줏빛으로 물들어 갑니다. 피클을 꺼낼 때마다 그날의 공감각이 떠오를까요?

래디시 피클

재료	래디시 한 묶음 (약 30뿌리), 오이 2-3개, 피클링 스파이시즈 10g, 물 500ml, 설탕 250g,
1L 용기 분량	식초 250ml, 소금 1작은술

1. 래디시는 윗동과 뿌리를 잘라 손질한 뒤 두세 토막으로 자른다.
2. 오이도 래디시와 비슷한 크기로 자른다.
3. 뜨거운 물로 소독한 공병에 래디시와 오이를 함께 담는다.
4. 물:설탕:식초 = 2:1:1의 비율로 피클링 주스를 준비한다.
5. 피클링 주스에 피클링 스파이시즈와 소금 1작은술을 넣고 한풀 끓인다.
6. 오이와 래디시를 담아놓은 병에 뜨거운 피클링 주스를 가득 채우고 누름돌 따위로 윗면을 받쳐 반나절 상온에서 숙성한 뒤 냉장 보관하면 된다.

키친 가든

초여름
상큼하게 과카몰리

여름의 시작 한편에 고수 꽃이 피어났습니다. 초봄 무렵이었나요? 만물이 소생하는 기운에 괜스레 설레는 마음으로 옥상 텃밭에 씨앗을 뿌렸습니다. 이윽고 귀여운 새싹이 돋아나더니 날이 갈수록 제법 통통해진 줄기를 따라 갈래 잎 모양의 본잎을 생성해가는 게 아니겠어요! 여름으로 향할수록 강렬하게 내리쬐는 태양빛과 그 아래서 무성하게 자라난 진초록 잎을 마음껏 뽐내던 고수는 줄기 사이로 슬며시 꽃대를 내밀기 시작합니다.

꽃대가 올라온 잎채소는 식용으로 다소 부적합한 감이 있어요. 양분이 꽃대로 집중되면서 이파리가 머금고 있던 촉촉한 수분은 말라가고, 억센 섬유질이 질겅 씹힌다고나 할까요. 따라서 계절 속에서 자연스럽게 랑데부할 수 있는 부드러운 허브 잎은 꽃대가 올라 오기 전, 초여름에 만나는 잎사귀입니다.

손끝으로 매끈한 고수 잎사귀를 문지르자 미지근한 초여름 대기 속으로 그 향이 뭉게뭉게 피어오릅니다. 허브 몇 조각은 요리의 중심이 아니라 재료의 풍부한 맛을 이끌어내는 역할을 해요. 하지만 이번엔 옥상 텃밭에서 정성 들여 키운 고수가 그 주인공입니다.

아보카도의 녹진한 부드러움, 토마토의 상큼함과 양파의 청량한 아삭임, 레몬의 산뜻한 산미, 그리고 사워크림의 시큼한 풍미까지. 마지막에 올릴 고수 잎사귀 몇 조각은 과카몰리의 다양한 맛을 조화롭게 끌어올릴 것입니다.

초여름, 미적지근한 대기를 타고 불어오는 미풍에 맨살의 감각이 이끄는 대로 어느새 집 안 모든 문을 열어 젖혔습니다. 맞바람이 일렁이고 옥상 위로는 꽃망울을 막 터뜨리기 시작한 하얀 고수 꽃이 눈부시게 빛나고 있습니다. 날벌레떼는 투명하게 비치는 햇살 틈으로 그 화려한 날갯짓을 펼치며 생의 절정을 소진하는 중이겠죠. 꽃대가 올라온다는 것은 식물이 결실을 맺을 준비를 한다는 신호입니다. 한여름, 고수 꽃이 만개할 무렵이면 한 해살이 풀인 고수는 공중 세계를 맴도는 날벌레 전령사를 매개로 봄날 파종했던 씨앗과 꼭 같은 결실을 씨방 알알이 맺어 갈 것입니다.

과카몰리

재료	바게트 8-10조각, 아보카도 1개, 양파 1/2개, 토마토 1/2개, 올리브유 1작은술, 레몬즙 3-4방울, 소금 1꼬집,
2인분 기준	후추 약간, 바질과 파슬리 가루 약간씩, 곁들일 사워크림 적당량, 토핑용 고수잎 2-3줄기

1. 아보카도, 양파, 토마토는 비슷한 크기로 잘게 다진다.
2. 다진 재료를 볼에 옮겨 담고 소금, 후추, 올리브유, 허브 가루를 첨가해 골고루 섞는다. 마지막에 레몬즙을 뿌려 마무리한다.
3. 달궈진 팬을 약불로 맞추고 올리브유를 뿌린 슬라이스 바게트를 앞뒤로 연한 갈색이 되도록 바삭하게 굽는다.
4. 구워낸 바게트 위로 과카몰리를 적당히 얹은 뒤 사워크림을 곁들인다.
5. 고수 이파리를 잘게 찢어 사워크림 위로 토핑하면 완성.

키친 가든

달콤 쌉싸름한
교향곡

루꼴라를 처음 맛보았을 때가 떠오르네요. 레스토랑에서 아르바이트를 하던 시절입니다. 그날의 아뮤즈 부쉬*를 구상하던 셰프는 조리대 위에 널브러진 푸른 채소 한 잎을 저에게 건넸어요. 다섯 가지 맛이 난다는 말과 함께요. 마치 꼭 열무잎 같은 모양을 하고선, 설마 그렇게까지 다양한 맛이 날까 하는 의심을 품었더랬죠. 잎사귀를 한 입 베어 물자 부드러운 식감과 함께 복합적인 맛의 향연이 혀끝을 휘감았습니다. 맛의 기본이라는 그 오미五味 말이에요! 처음 씹을 땐 쓴맛이 감돌다가 이내 짜고 매운 기운이 확 퍼지더니 마지막엔 단맛과 신맛의 여운이 맴돌았어요.

*아뮤즈 부쉬(amuse-bouche): '입을 즐겁게 하다'라는 프랑스어로, 셰프가 단일 메뉴 하나를 정해 손님에게 무료로 대접하는 것을 일컫는다. 메뉴판에 따로 적혀 있지 않으며, 손님도 따로 주문하지 않는 게 원칙이다.

텃밭을 가꿀 여력이 없던 당시엔 그저 그 잎채소의 이름이 '루꼴라'라는 것만 잊지 않도록 기억하고 있었어요. 옥상정원이 생기고 난 뒤 주저 않고 종묘상에서 바로 씨앗을 구해왔죠. 부드러운 식감과 오묘한 맛에 반해 이제는 봄이 오면 서둘러 파종하는 잎채소가 바로 루꼴라랍니다.

씨앗 봉투에 루꼴라의 다른 명칭인 '로켓roquette(프랑스식 발음), 아르굴라argula(영국식 발음)' 등으로 표기되어 있는 경우도 있어요. 모두 같은 루꼴라rucola(이탈리아식 발음)를 일컫는 말이니 혼동하지 마시길!

주의할 점은 나비과의 애벌레가 루꼴라를 매우 좋아한다는 것입니다. 추운 겨울을 피해 연중 수확이 가능하니 해충 관리에만 신경 쓴다면 언제나 신선한 잎채소를 곁에 둘 수 있어요. 어느 요리에 곁들여도 잘 어울리는 까닭에 딱히 이렇다 할 조리법은 없어요. 단, 요리의 주인공이기보다 서브 재료로써의 역할이 출중한 연유로 피자와 파스타, 샌드위치 등의 요리에 살짝 곁들이면 어딘가 근사한 맛이 우러난답니다.

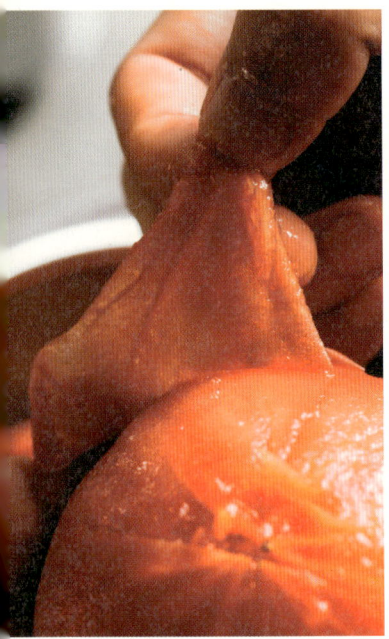

루꼴라 피자

재료	피자 도우 - 중력분 150g, 통밀 50g, 드라이이스트 3g, 소금 3g, 설탕 15g, 올리브유 30g
<u>2인분 기준</u>	아라비아타 소스 200g(**이탈리아에서 온 빨간 맛 참조**), 양파 1/2개, 모차렐라 치즈 150g, 그라나 파다노 치즈 50g, 루꼴라 80g

1. 루꼴라의 어린잎을 수확해 흐르는 물에 씻은 뒤 채반에 받쳐 물기를 뺀다.
2. 도우 재료는 믹싱볼에서 섞어가며 표면이 매끈해질 때까지 15-20분가량 반죽한 뒤 상온에서 1시간가량 숙성한다.
3. 도마에 밀가루를 뿌리고 도우를 밀대로 넓적하게 밀면서 원하는 모양으로 성형한다.
4. 펴 바른 반죽을 손가락으로 눌러 소스가 도우에 잘 스미게 한다.
5. 아라비아타 소스를 펴 바르고 슬라이스 양파와 모차렐라 치즈를 토핑한다.
6. 180도로 예열한 오븐에서 20-25분가량 구워내 루꼴라와 성글게 조각낸 그라나 파다노 치즈를 듬뿍 얹으면 완성.
7. 먹기 좋은 크기로 잘라 개인 접시에 서빙한다.

키친 가든

차가운
수프

가스파쵸는 스페인에서 즐겨 먹는 차가운 여름 수프입니다. 전형적인 가스파쵸라면 토마토, 피망, 오이, 마늘, 오일, 비네가 등을 섞어 부드럽게 갈아 마실 테죠. 하지만 신선한 여름 제철 식재료를 활용해 다양한 가스파쵸의 변주 또한 가능합니다.

그날은 마침, 초봄에 파종한 완두콩이 잔뜩 헝클어진 걸 마주한 날이었어요. 연둣빛 콩깍지 속으로 알알이 찬 완두콩은 마치 초록빛 진주알을 연상시켰습니다. 촉촉한 토양과 따사로운 태양빛, 그리고 약간의 정성을 보탠 콩알 네 톨의 수확물에 멋진 옷을 입혀주어야겠다는 생각이 불현듯 스쳤습니다. 완두콩을 활용해 차가운 수프, 가스파쵸를 만들기로 한 것이죠. 약간의 조미만을 가해 완두콩 본연의 맛을 살리는 것이 좋겠다 싶었어요. 우리가 흔히 접하는 고소한 콩국의 맛과 흡사하다면 와닿으려나요. 세련된 맛은 아니지만 풋내 나는 여름을 입속에 머금은, 성큼 다가온 계절을 온몸에 담아낸 어떤 날이었습니다.

완두콩 가스파쵸

재료 | 완두콩 100g, 양파 1/4개, 물 500ml, 버터 1작은술, 소금과 후추 적당량, 토핑용 올리브유 약간,
2인분 기준 토핑용 우유 거품 또는 생크림 1큰술

1. 끓는 물에 완두콩을 5분 정도 삶는다.
2. 예열한 팬에 버터 1/2큰술을 두르고 다진 양파를 볶다가 삶은 완두콩을 첨가한다.
3. 소금과 후추로 간을 하고 물 200ml를 추가해 센 불에서 약 10-15분간 끓인다.
4. 내용물을 미지근하게 식힌 뒤 생수 250ml를 첨가해 블렌더에서 곱게 갈아준다.
5. 소금으로 취향껏 간을 맞춘 뒤 가스파쵸를 수프 볼에 옮겨 담는다.
6. 올리브유를 4-5방울 뿌리고 우유 거품 또는 생크림 1큰술을 수프 가운데에 토핑한다.

키친 가든

순수의 맛

어떤 맛을 좋아하나요? 혹은 무슨 음식을 좋아하나요? 라는 질문이 돌아올 때면 전 약간의 망설임 끝에 대답합니다. '순수의 맛'을 좋아한다고요. 지천에 맛있는 음식과 다양한 요리가 널린 시대에 순수의 맛이라뇨. 아마도 순수의 맛을 색으로 칠하자면, 미색에 가까울 겁니다. 그리고 그 맛은 어린 아이의 이유식과도 같겠죠. 갖은 향신료와 다양한 조리법으로 완성된 맛깔스런 요리에도 무척이나 열광합니다만, 한번씩 순수의 맛이 그리울 때가 있어요. 기억나지도 않는 아득한 시간 속의 또 다른 나의 모습을 만나고 싶은 걸까요. 어쩌면 정말로 순수했을지도 모를.

완두콩 명태 리소토

재료 | 불린 쌀 1컵, 완두콩 100g, 명태살 150g, 양송이 버섯 5개, 양파 1/2개, 다진 마늘 1작은술, 버터 1큰술,
2인분 기준 | 올리브유와 소금 적당량, 그라나 파다노 치즈 적당량, 레몬 1/8개, 래디시 1뿌리, 딜 2줄기, 덧밀가루와 후추 약간씩

1. 쌀 1컵은 물에 30분가량 불린다.
2. 약불에 달군 팬 위로 버터 1큰술을 녹이고 다진 마늘과 양파, 완두콩을 볶는다.
3. 2의 팬에 올리브유 1큰술을 두르고 슬라이스 한 양송이 버섯을 첨가해 센 불에서 재빨리 볶는다. 이 때 소금과 후추로 밑간을 한다.
4. 불린 쌀을 깨끗이 씻은 뒤 냄비에 추가한다. 물 3컵을 넣고 센 불에서 15분간 끓인다.
5. 올리브유와 소금을 첨가하면서 리소토의 농도와 간을 조절한다.
6. 명태살은 소금과 후추로 밑간을 하고 덧밀가루를 살짝 입혀 기름을 두른 팬에 앞 뒤로 구워낸다.
7. 취향껏 익힌 식감의 리소토를 접시에 옮겨 담은 뒤, 겉이 노릇하게 익은 명태살을 얹어준다.
8. 그라나 파다노 치즈, 레몬 슬라이스와 래디시, 딜을 얹어 장식한다.

초여름의
보물

작은 옥상정원에 들이지 못해 내심 아쉬워하는 과실수가 하나 있습니다. 바로 산딸기죠. 이름이 그러하듯 야생의 환경에서 자연스럽게 검붉은 열매를 맺는 작물입니다. 그것도 초여름, 소만과 망종의 절기 동안 잠깐 모습을 드러냈다가 금세 자취를 감추는 제철 과일이에요. 모든 베리류의 열매가 생김새도, 맛도 사랑스럽듯 산딸기 또한 특유의 향미로 혀끝을 설레게 만들죠. 그야말로 자연의 맛이랄까요. 그것도 아주 자연스러운.

은은한 감미와 특유의 아로마가 응축된 산딸기는 저장이 어렵기 때문에 그 자리에서 양껏 먹어치우는 편이 좋을 거예요. 하지만, 자연이 주는 예쁜 선물을 오래도록 간직하고픈 마음 또한 달래야겠죠? 흘러간 계절을 잠시 유예하고자 제철 과일을 설탕에 졸여 잼을 만드는 건 꽤나 낭만적인 발상이기도 하니까요.

참, 산딸기는 부모님의 시골집 과수원 둘레 울타리 묘목이 마침 제철을 맞이해 결실을 맺은 것이랍니다. 초여름 일손이 모자란다는 아버지 호출에 포도나무 곁순을 따러 들렀다가 보물을 발견하고야 말았죠!

> Tip_ 잼을 졸이는 방법은 다양합니다. 설탕의 양과 졸이는 시간을 어떻게 조절하는가에 따라 그날 만든 잼의 당도와 농도가 결정돼요. 처음 잼을 만들 땐, 설탕과 과일의 비율을 동량으로 맞추고 부피가 반 이상 줄어들 정도로 졸였어요. 그러나 시간이 지날수록 과일 향이 설탕에 묻히지 않는 은은한 당도와 묽은 농도의 잼을 선호하게 되더라고요. 자 그럼, 취향껏 개성이 깃든 자신만의 잼을 졸여 보세요. 잼을 만드는 순간엔 냄비가 타지 않도록 주걱으로 바닥을 저어 주어야 하는 수고로움 또한 인내하기를 바라며.

산딸기 잼

| 재료 | 산딸기 500g, 설탕 250g, 소금 1꼬집, 레몬즙 약간 |

200g 공병
2개 분량

1. 산딸기는 흐르는 물에 깨끗이 씻어 채반에 받쳐둔다.
2. 산딸기를 냄비에 옮겨 담고 설탕과 버무려 과즙이 우러나오도록 뒤섞어 준 뒤, 약불에서 뭉근히 졸인다.
3. 과육과 설탕이 한데 섞이며 퓌레 형태가 되면 중불로 올린다.
4. 하얀 거품이 냄비에 차오를 듯 일기 시작하면 약불로 줄여 꿀 정도의 농도가 될 때까지 졸인다(10-15분)
5. 레몬즙 한 줌과 소금 1꼬집을 첨가해 마무리한다.
6. 뜨거운 물로 소독한 공병에 옮겨 담은 뒤 한풀 식혀 뚜껑을 닫으면 완성.

키친 가든

딸기밭이여,
영원하라

누구나 어린 시절 기억이 투영된 초현실의 공간이 있을 거예요. 존 레논은 스스럼없이 친구들과 뛰어놀던 리버풀의 고아원 스트로베리 필드를 그곳으로 삼았고, 그토록 아름다운 〈Strawberry Fields Forever〉를 음악으로 남겼습니다. 기준도 경계도 없는, 모든 것이 스스럼없이 이루어지는 스트로베리 필즈의 세계를.

저의 영원한 스트로베리 필즈로 말할 것 같으면, 또래 친구들과 함께 산딸기를 찾아 산속을 헤매던 유년 시절의 시공간과 어린 마음이 불러일으킨 어떤 해프닝일 것입니다.

딸기우유가 너무나도 먹고 싶은 초여름의 어느 날이었어요. 시골 할아버지 집에서 슈퍼마켓은 너무도 멀리 있었고 아카시아 향을 머금은 미풍은 끊임없이 맨살을 타고 흘렀어요. 주방 한편에선 전날 동네 친구들과 산속을 헤매며 한아름 주워온 산딸기가 오후의 햇볕 아래 빛나고 있었죠. 저는 산딸기를 짓이겨 우유에 섞기만 한다면 향긋하고도 달콤한 딸기우유가 만들어질 것만 같은 환상에 사로잡히고 말았습니다.

그날 밤, 저는 무서운 할아버지의 눈을 피해 모두가 잠든 틈을 타 부엌으로 슬금슬금 침입하는 데 성공했어요. 그리고 온종일 계획했던 머릿속의 레시피대로 컵 속에 산딸기를 짓이긴 다음 그 위로 차가운 우유를 들이붓고 말았죠! 그러고선 지체 없이 한 모금 들이킨 뒤, 그 맛을 견디지 못하고 창밖으로 컵에 담긴 내용물을 내동댕이치고 말았습니다. 차갑고 기름진 지방질의 우유와 새콤한 과즙이 뒤섞인 그 애매모호한 맛이란. 날이 밝아오자, 마당의 시멘트 바닥 위로는 한밤중 창밖으로 흩뿌려진 딸기우유 자국이 선명하게 남아 있었습니다. 마치 팝아트와도 같은 과감한 터치의 핑크빛 물결로 말이죠. 그 다음부터는 기억이 잘 나지 않아요. 할아버지에게 호되게 혼났거나, 결국 먼 슈퍼마켓까지 가서 딸기우유를 얻어 마셨거나, 이도 저도 아니면 시멘트 바닥의 핑크빛 흔적 위로 사랑스러운 산딸기가 뭉게뭉게 피어올랐거나.

산딸기 타르트

| 재료 | 파이지 - 박력분 120g, 차가운 버터 60g, 소금 1.5g, 설탕 10g, 달걀 노른자 1/2개, 우유 10g

타르트 틀 4호, 필링 - 마스카포네 치즈 100g, 생크림 30g, 사워크림 또는 플레인 요거트 50g, 설탕 30g, 레몬즙 약간
지름 24cm 기준 토핑용 산딸기 50-60개, 산딸기잼 50g, 애플민트 1줄기

1. 체에 곱게 내린 박력분에 나머지 재료를 혼합한다. 차가운 버터가 완전히 녹지 않을 정도로 성글게 뭉친 뒤 냉장고에서 30분간 휴지한다.
2. 믹싱볼에 필링 재료를 넣어 부드럽게 섞은 뒤 냉장고에서 차갑게 굳힌다.
3. 딱딱하게 굳은 파이지는 밀대로 밀어 재빨리 타르트 틀에 맞춰 성형한다.
4. 타르트 아랫면에 포크로 구멍을 뚫어준다. (타르트 밑면이 부풀어 오르지 않도록)
5. 180도로 예열한 오븐에 20분가량 굽는다.
6. 오븐에서 꺼낸 타르트는 틀과 분리해 식힘망에서 충분히 식힌다.
7. 타르트 바닥에 산딸기잼을 펴 바르고, 냉장고에서 차갑게 굳은 필링을 꺼내 타르트 속을 채운다.
8. 흐르는 물에 깨끗이 씻어 물기를 완전히 제거한 산딸기를 필링 위로 중앙에서부터 하나씩 채워 나간다.
9. 애플민트로 타르트 중앙을 장식한다.

키친 가든

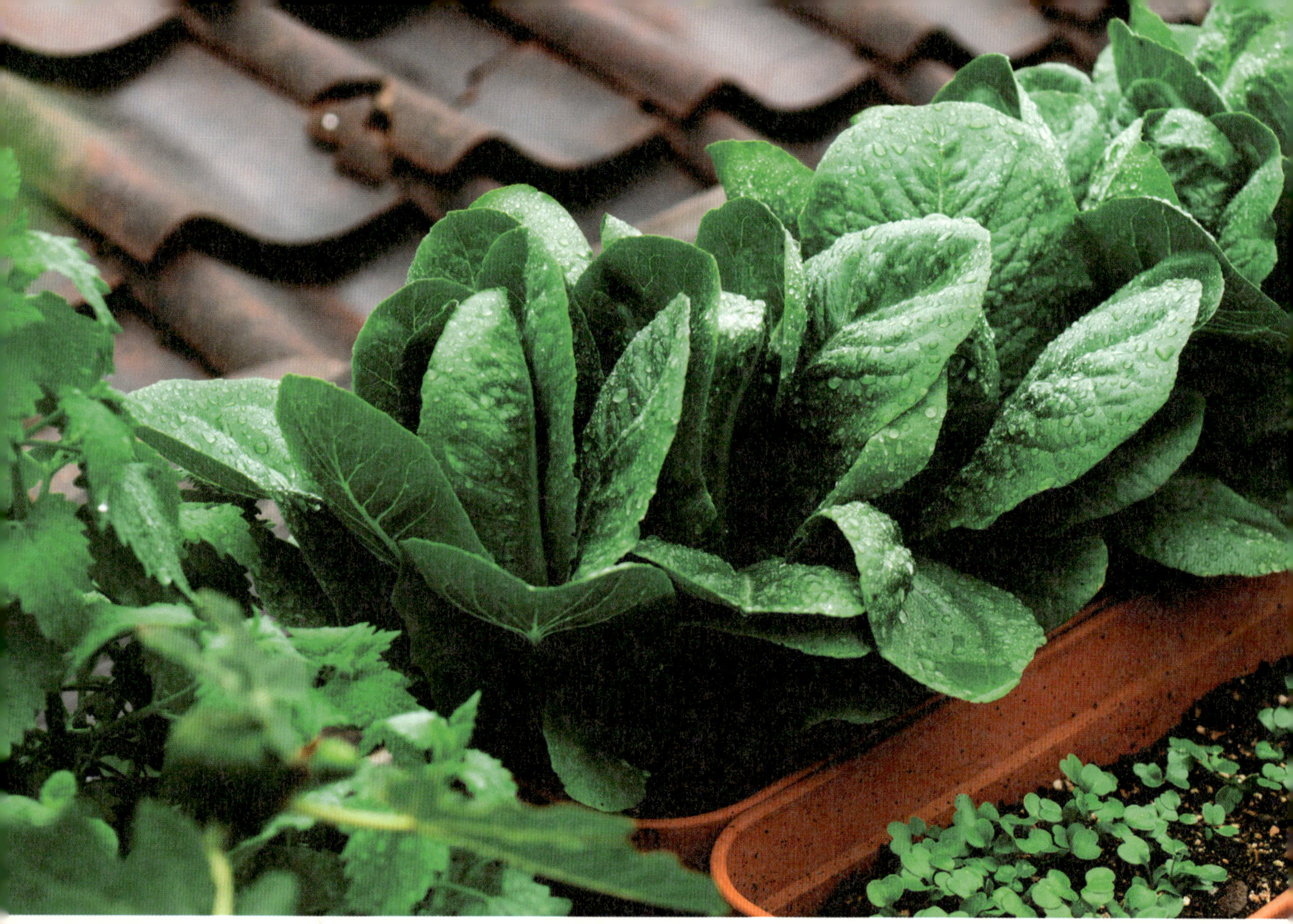

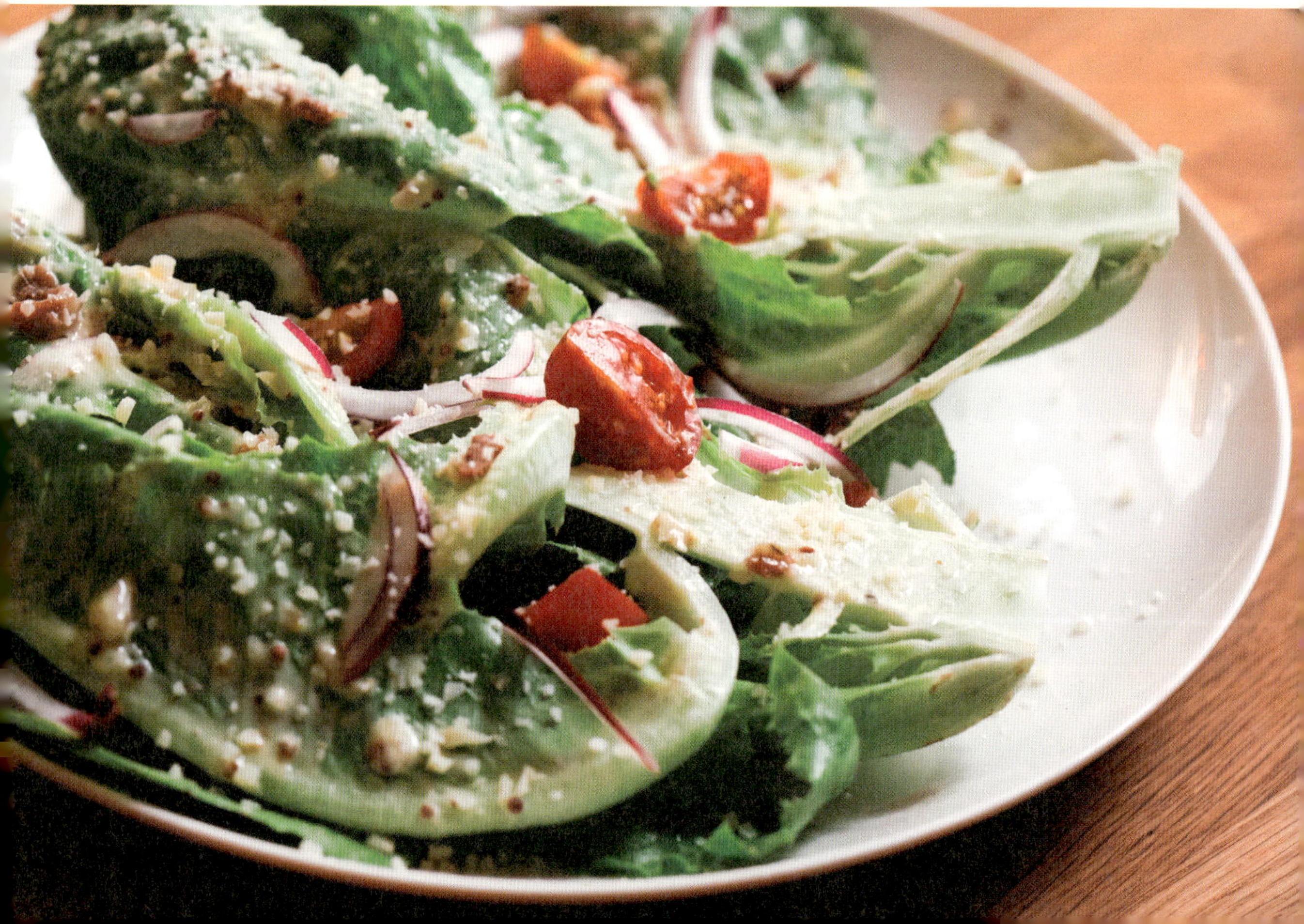

샐러드의
여왕

특유의 향이나 독특한 식감 대신 무향의 달콤하며 쥬시한 로메인 상추는 어떤 요리와 곁들여도 손색없는 샐러드계의 여왕이라고 할까요. 그중에서도 로메인 상추를 주재료로 한 '시저 샐러드'는 로메인 샐러드의 대명사가 되었을 만큼 유명합니다.

'시저 샐러드'에 숨어 있는 멋진 스토리텔링을 어림짐작하며 그 옛날 로마 시대까지 거슬러 올라가 카이사르를 유추해 내었습니다. 그러나 시저Caesar는 그 유명한 카이사르가 아니었어요! 시저 샐러드는 20세기 초반, 아메리칸 드림을 꿈꾸며 미국으로 이주한 이탈리아 출신의 요식업자 시저 칼디니Caesar Cardini의 이름을 딴 것이라 합니다. 시저와 그의 딸 로사 칼디니의 합작으로 1924년 7월 4일 미국의 건국기념일 행사를 위해 그 유명한 '시저 샐러드'가 탄생하게 되었다고 합니다.

자, 이건 샐러드의 여왕에게 바치는 로메인 한 송이입니다. 메인 코스로 식탁에 올려도 전혀 어색하지 않을 풍성함에 당장 나이프를 들고 싶어집니다.

시저 샐러드

재료 | 로메인 상추 2-3포기, 그라나 파다노 치즈 20g, 엔쵸비 15g, 방울토마토 5개, 적양파 1/4개
2인분 기준 | 드레싱 - 마요네즈 4큰술, 홀그레인 머스터드 1작은술, 설탕 1/2큰술, 꿀 1/2큰술, 달걀 노른자 익힌 것 2개, 양파 1/8개, 피클 20g, 소금 1꼬집, 파슬리 가루 1/2작은술, 레몬즙 약간

1. 달걀 노른자 으깬 것에 마요네즈를 버무려 믹싱볼에서 부드럽게 섞는다.
2. 양파와 피클은 아주 잘게 다져서 1을 포함한 나머지 드레싱 재료와 함께 섞어준다. 마지막에 레몬즙 3-4방울을 뿌려 마무리한다.
3. 뿌리만 정리한 로메인은 깨끗이 씻은 뒤 밑동을 반으로 갈라 두 쪽으로 나눈다.
4. 켜켜이 쌓인 로메인 잎 사이사이로 김장하듯 드레싱을 충분히 덧발라준다.
5. 드레싱이 끝난 로메인을 샐러드 접시에 옮겨 담고 슬라이스 적양파, 반으로 자른 방울토마토, 엔쵸비를 사이사이 토핑해준다.
6. 칼로 성글게 다진 그라나 파다노 치즈를 듬뿍 뿌리면 완성.

휴가 같은
샐러드 한 접시

바질은 가드닝의 서막을 열어 준 고마운 허브예요. 한해살이풀로 생장 조건만 얼추 맞으면 무한한 생장력을 뽐냅니다. 따라서 가드닝 초보에게 가장 먼저 추천하는 허브이기도 하죠.

초여름이 되면 바질에서는 길쭉한 꽃대가 솟아나 하얀색 꽃이 층층이 피어올라요. 온갖 날벌레가 꽃 사이를 오가며 수정을 도와줍니다. 가을 무렵 꽃대가 갈변하기 시작하는데 검은색 씨앗이 속속들이 영그는 모습이에요. 건조한 가을 바람에 바짝 마른 꽃대는 그대로 잘라 씨앗을 저장해둘 수도 있답니다. 이듬해 봄이 오면 꽃대를 살며시 털어내 다시 파종을 이어가죠. 매해 빠지지 않고 푸른 초록빛을 발하는 옥상정원의 바질. 어느덧 퍽 친숙한 허브가 되어 버렸군요.

 이탈리아 남부 휴양지 카프리섬의 이름을 붙인 샐러드가 바로 카프레제입니다. 붉은 토마토, 새하얀 모차렐라 치즈, 그리고 푸른 바질 잎의 조화가 마치 이탈리아 국기 모양처럼 보이기도 하네요. 신선한 식재료 본연의 맛을 사랑하는 이탈리아식으로 성큼성큼 큼지막하게 썰어 낸 토마토와 모차렐라 치즈를 차례로 쌓아 칼로 다진 나이브한 바질 페스토를 곁들입니다. 아, 여기가 바로 카프리섬이었던가요.

카프레제

재료 | 토마토 2-3개, 후레시 모차렐라 치즈 100g, 꿀 1큰술
2인분 기준 | 바질 페스토 - 올리브유 30g, 바질잎 20g, 그라나 파다노 치즈 20g, 잣 10g, 소금 1꼬집, 후추 약간

1. 토마토와 후레시 모차렐라 치즈는 약 1cm 두께로 통썰기 한다.
2. 바질 잎, 그라나 파다노 치즈, 잣은 칼로 다지듯 으깬다.
3. 2의 다진 재료에 올리브유를 부드럽게 섞어준다. 이 때 소금과 후추로 간을 맞춘다.
4. 샐러드 접시에 토마토와 모차렐라 치즈를 플레이팅한다.
5. 바질 페스토를 토핑한 뒤 꿀을 한 바퀴 돌려준다.
6. 신선한 바질 잎사귀로 샐러드 한가운데를 장식해도 좋다.

키친 가든

나의
작은
옥상정원

1년 중 옥상정원이 가장 아름답게 빛나는 시기는 6월 초에서 중순까지입니다. 절기상으로는 망종과 하지 무렵이죠. 포근한 봄볕을 가득 머금고 따사로운 초여름의 문턱에 이른 옥상정원은 무성하게 잎을 틔우며 하나둘씩 결실을 맺어가요. 아무렇게나 떨군 씨앗을 틔우며 흐드러진 허브의 향기와 아름다운 꽃은 도처에 만발했고요.

망종이 농촌에서 일손이 가장 부족한 시기이듯, 이 작은 옥상정원 또한 연중 이맘때 즈음이면 바쁘게 오르내리는 것 같아요. 하루가 다르게 익어가는 열매를 거두어들이고, 뜨거운 초여름 태양빛에 금세 바짝 말라버린 흙을 물로 가득 채워야 하며, 무성하게 생장을 거듭하는 곁순과 바람결에 날아와 무심코 싹을 틔운 잡초 정리도 서두릅니다.

'타르트'라는 말을 들으면 자동 반사적으로 마음이 반쯤 부풀어 올라요. 타르트를 발음하는 어감도 예쁘고 신선한 제철 과일을 얹어 장식하는 모양새도 사랑스럽거든요.

그렇다고 해서 타르트를 곁에 늘 쟁여두는 건 아니에요. 계절이 바뀔 때마다, 분기별로 한 번씩 타르트를 굽는 듯해요. 제철을 맞아 영근 과일과 조우할 때 타르트를 아름답게 감싸 안은 예쁜 과일의 정물이 왠지 감흥을 일으킵니다. 마치 예술가의 아틀리에 가운데 놓인 테이블 위로 곧 작품이 될지도 모를 피사체로써 말이에요.

여름의 문턱에 들어선 어느 날이었을 겁니다. 청명한 대기질을 그대로 투과해 내리쬔 태양빛에 잎사귀와 열매, 꽃잎들이 빛을 가르며 춤을 추듯 일렁이고 있었어요. 조각난 빛에 홀려 어느새 오른 작은 옥상정원. 그 시기에 알맞도록 가득 차오른 허브와 과일을 손으로 톡톡 떼어내 바구니를 한 아름 채웠습니다. 그리곤 타르트가 되었죠. 나만의 옥상정원 타르트.

리코타 치즈

재료
2인분 기준

우유 1L, 생크림 500ml,
레몬 1개(레몬즙 20ml 분량),
소금 1꼬집

1. 우유와 생크림을 냄비에 붓고 중불로 거품이 올라올 때까지 끓인다.
2. 불을 끄고 레몬즙을 첨가해 골고루 저은 뒤 다시 중약불에서 약 10분간 끓여준다.
3. 부피가 2/3가량 줄어들면 냄비에 소금 1꼬집을 첨가한다.
4. 유청이 분리되면서 치즈가 떠오르기 시작하면 면포를 받친 채반에 내용물을 부어준다.
5. 유청을 걸러낸 치즈는 천에 감싼 채로 틀에 넣어 냉장고에서 한 시간 이상 숙성한다.

● 냉장고에서 2-3일 정도 보관 가능.

키친 가든

쁘띠 타르트

| 재료 | 파이지 - 박력분 60g, 차가운 버터 30g, 소금 1g, 설탕 5g, 달걀 노른자 1/4개, 우유 5ml
| **6개 분량** | 리코타 치즈 120g, 방울토마토 3개, 블루베리 15개, 완두콩 30g, 후추와 소금, 슈가파우더 약간씩, 꿀 적당량

1. 체에 곱게 내려친 박력분에 나머지 재료를 혼합해 파이지를 뭉친 뒤 냉장고에서 30분간 휴지한다.
2. 6등분한 반죽을 틀에 맞춰 손가락으로 눌라가며 성형한다.
3. 타르트 바닥에 포크 자국을 서너 번 찍어 준다.
4. 180도 예열된 오븐에서 약 10-15분간 구워낸다.
5. 틀에서 분리한 타르트 피를 식힘망에 식힌다.
6. 타르트 속 겉면에 꿀을 퍼 바른 뒤 리코타 치즈로 속을 채운다.
7. 방울토마토는 슬라이스하고 블루베리는 그대로 타르트 위에 얹어 장식한다.
8. 완두콩은 끓는 물에 10분 삶아 으깬 뒤, 꿀과 소금, 후추를 섞어 페이스트 형태로 토핑한다.
9. 완성된 쁘띠 타르트 위로 슈가파우더를 뿌린 뒤, 허브 잎 등으로 장식한다.

키친 가든

나의
여름

여름의 시작과 동시에 지속된 장마, 이후 소강상태에서 발효된 폭염주의보와 열대야. 여름의 고온 다습한 공기 중을 떠돌며 천연색을 머금고 생장을 거듭해가는 이 세계의 사물들. 지붕과 담장 너머로 짙은 초록과 주황의 능소화 덩굴이 만개했다가 장맛비에 휩쓸려 일찌감치 낙화해 버린 감이 깃들고, 세차게 들이치는 굵은 빗줄기 탓에 얼마간 방치된 나의 옥상정원은 오히려 더욱 자연스럽게 부풀어 오른 것만 같습니다. 폐허로 화한 그 사이에서 과포화 직전의 대기 속을 부유하는 통통한 허브 몇 줄기를 내 것이 아닌 양 간신히 뜯어 비로소 여름을 즐겨 봅니다.

단지 손끝에 스치기만 했을 뿐인데 허브의 상큼한 향기가 여름의 다습한 공기 중으로 퍼져 나갑니다. 이것이 허브의 매력, 아니 마력일까요?

김승옥의 1967년 작, 《내가 훔친 여름》은 그 제목만큼이나 소설 속 문장 또한 빛을 발합니다. 여름을 훔친다는 것에 큰 의미는 없습니다. 단지 피서지에서 만난 젊은 여인과의 정사를 '여름을 훔치다'라는 은유로 빗댄 것이죠. 그럼에도 불구하고, 그 은유에 감탄을 머금으며 훔치고픈 여름의 이미지를 머릿속에 그려보곤 했죠. 아마도 '내'가 훔친 여름이란 이런 모습에 가까울 것 같습니다. 과즙이 흘러넘치는 상큼한 시트러스의 단면과 풍부한 허브향이 마구 뒤섞인 분위기요. 너무 아름답기만 한 것일까요? 그렇게 훔친 여름을, 싸구려 와인 속에 담가 여름을 맛볼 작정입니다.

어디선가 먹어 본 적 있는 크림치즈와 오렌지의 환상적인 조합은 자연스럽게 이런 모양을 한 카나페로 이끌고, 짠 내 나는 프로슈토와 역시 짭짜름한 그린 올리브 절임은 부패 속도가 저장과 소비의 속도를 거뜬히 이겨내는 한여름 지혜로운 먹거리로 거듭납니다.
나의 여름은 무엇일까요. 일 년 중 반 이상을 흘려 보낸 자괴감, 아웃풋을 가늠할 수 없는 미적지근한 일거리, 땀 내음에 찌든 내 모습, 권태로운 낮잠과 차가운 커피의 유혹, 창 틈 사이로 들이친 장맛비에 어느덧 증식해버린 퀴퀴한 곰팡내와의 싸움, 그리고 나면 내 앞에 펼쳐진 이 여름의 세계. 서머타임처럼 복되고 나른한 시간들. 장마가 스치고 간 뒤 도처에 속삭이는 여름의 청량한 울림. 언제고 반복되는 평온한 나의 일상, 이따금씩 펼쳐진 샹그리아와 카나페의 시간. 이것이 나의 여름입니다.

샹그리아

재료	레드와인 750ml, 사과와 오렌지
1L 보관용기 분량	레몬 1/2개씩, 세이지, 바질, 로즈메리, 고수의 어린잎 2-3줄기씩

1. 사과, 오렌지, 레몬을 슬라이스한 뒤 샹그리아용 포트에 담는다.
2. 레드 와인을 포트에 부어준다.
3. 냉장고에서 이틀 정도 숙성한다.
4. 와인잔에 과일과 함께 숙성된 샹그리아를 옮겨 담고, 허브를 잔 위로 띄운다.

키친 가든

프로슈토 카나페와 오렌지 카나페

재료 | 바게트 6조각, 크래커 6개, 그린 올리브 6개, 체다치즈 3장, 크림치즈 60g, 오렌지 1개, 애플민트 2-3줄기,
플레이트   올리브유와 파슬리 가루 약간씩
한 접시 분량

1. 바게트에 올리브유를 뿌리고 약불로 달군 팬에 얹어 앞뒤로 굽는다.
2. 구운 바게트 위로 위의 사진과 같이 체다치즈 반 장, 프로슈토 반쪽, 그린 올리브를 차례로 얹은 뒤, 파슬리 가루 토핑으로 마무리한다.
3. 오렌지는 겉껍질과 속껍질을 손질해 과육을 분리한다.
4. 크래커에 크림치즈를 듬뿍 퍼 바르고 오렌지 과육 3조각을 얹은 뒤 애플민트로 장식한다.

여름의
방울을
담다

방울토마토는 일반 토마토에 비해 관리가 쉽고 추운 겨울을 제외한 연중 재배가 가능하기 때문에 초보 가드너도 쉽게 가꿀 수 있는 작물이에요. 노란 별꽃 아래 주렁주렁 맺힌 열매는 청아한 초록빛을 시작으로 마치 단풍이 번지듯 붉게 물들어가요.

방울토마토를 정원에 들일 땐 수확의 기쁨을 양껏 맛보아야겠다는 욕심이 앞섭니다. 모종을 대여섯 개씩 집어 들고서 말이죠. 하지만 방울토마토는 올곧게 가꿔 나간다면 단 하나의 모종만으로도 수확의 기쁨을 충분히 만끽할 수가 있어요. 하나만으로 왠지 서운한 마음이 든다면 수분이 비교적 적고 당도가 높은 타원형의 대추 토마토를 함께 가꾸는 것도 좋겠네요.

토마토가 가장 왕성하게 열리는 시기는 7월-9월, 여름이 가을의 문턱을 향해 흘러가고 있을 무렵입니다. 바구니 한가득 수확한 예쁜 토마토를 병조림으로 담아 사라져가는 계절을 유예해 봅니다. 아마, 병조림이 바닥을 드러낼 즈음이면 여름은 저만치 물러갔을 거예요. 한낮에 내리쬐는 맑고 투명한 가을볕에 토마토는 생의 절정을 끌어올리고 있을 것입니다. 영원히 방울방울 맺힐 것만 같은 토마토 또한 찬 이슬과 서리를 맞으며 서서히 한 해살이를 마무리할 테니까요.

키친 가든

방울토마토 매실 절임

재료 | 방울토마토 500g, 매실청 500ml
1L 유리병 기준

1. 방울토마토는 끓는 물에서 약 30초간 데치듯 삶아 건진 뒤 식혀 준다.
2. 과즙이 팽창하며 찢겨나간 표면 사이로 껍질을 벗겨낸다.
3. 뜨거운 물로 소독한 공병에 손질한 방울토마토를 차곡차곡 담는다.
4. 매실청을 방울토마토가 가득 잠길 만큼 부어준 뒤 밀봉하면 완성.
    - 냉장고에 보관하면서 차갑게 먹는다. 한식 차림의 후식으로 좋다.

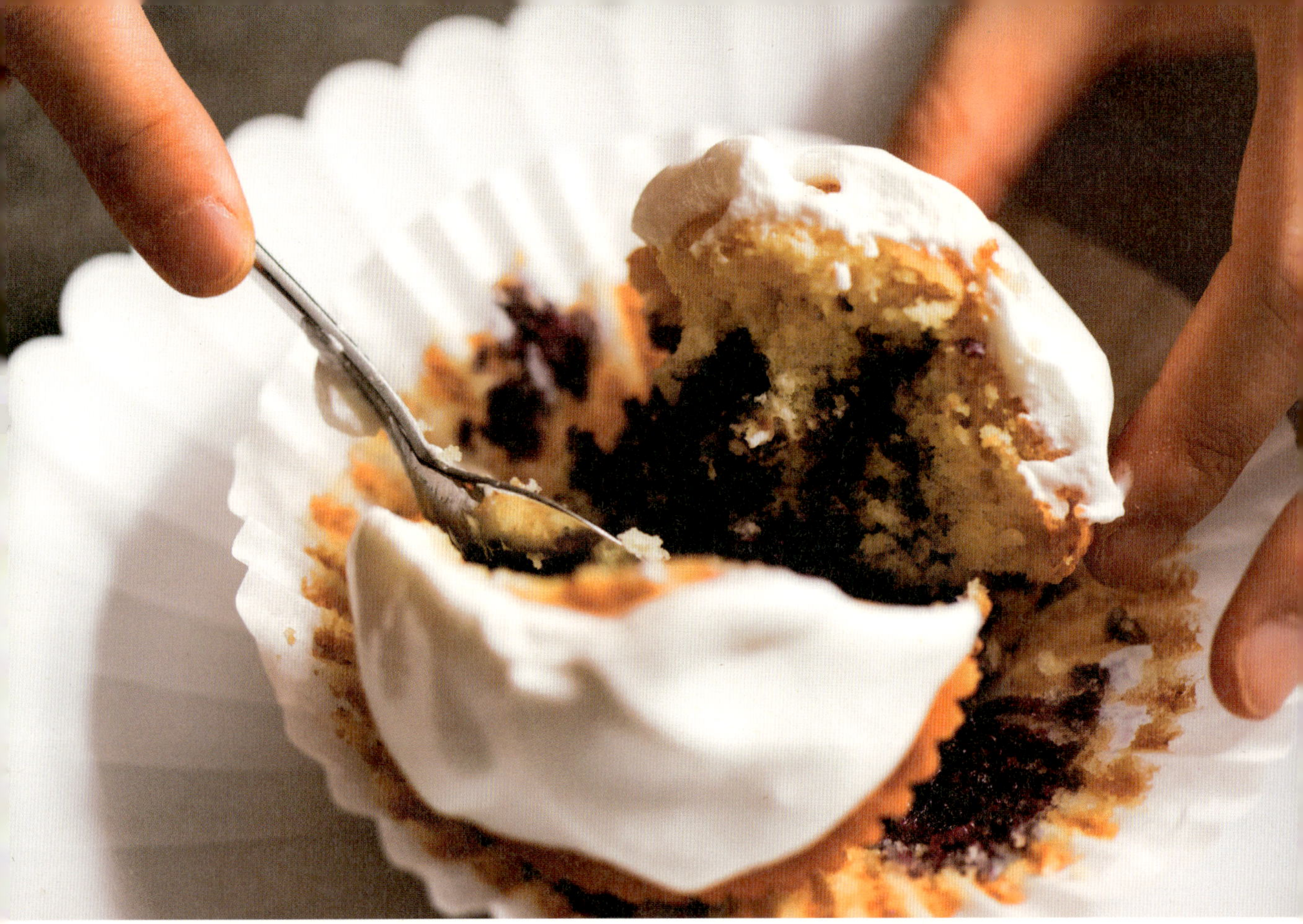

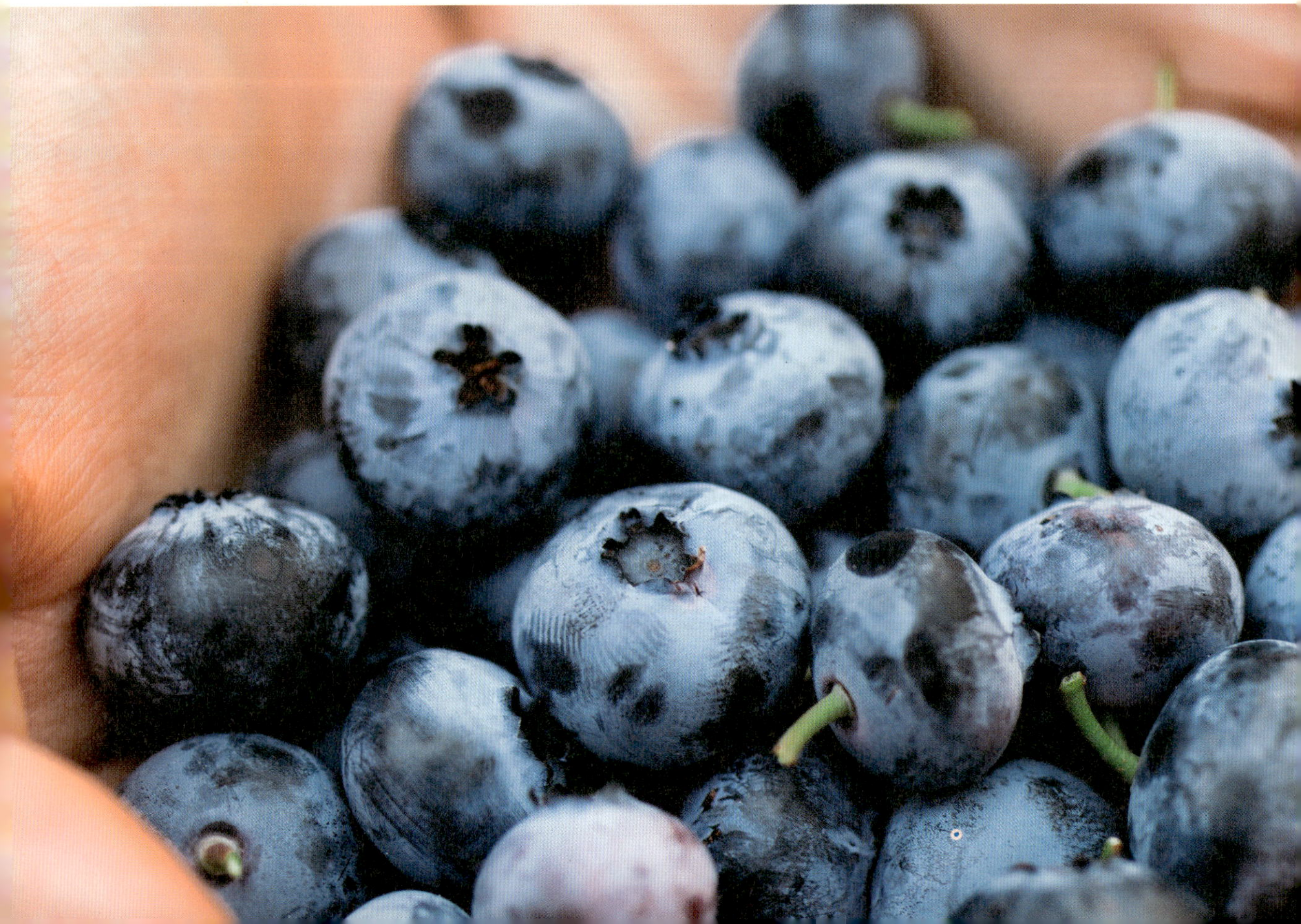

옥상에서
내려온
디저트

블루베리는 산성 토양과 전용 비료만 신경 쓴다면 비교적 손쉽게 가꿀 수 있는 과실수입니다. 처음 블루베리를 들였을 땐 일반 밭흙에 퇴비와 질소 비료를 듬뿍 섞어 분갈이를 했습니다. 초롱을 닮은 하얗고 예쁜 블루베리 꽃이 막 피어나려던 참이었죠. 이대로 정성 가득 돌본다면 탐스러운 블루베리를 한 아름 안을 수 있을 것만 같은 기대에 하루하루 마음이 부풀어 올랐습니다. 하지만 하루 이틀 날이 갈수록 시들해지더니 얼마 지나지 않아 열매를 맺지 못한 채 고사하고 말았죠. 토양질과 비료가 맞지 않았던 것입니다. 그렇게 좌절감을 맛본 한 해가 흘러가고, 이듬해 봄, 산성 토양에 블루베리 전용 비료를 구비해 놓고서야 블루베리의 생육 과정을 파노라마처럼 관찰할 수 있었죠.

아, 파노라마라고 얘기한 건 블루베리가 계절에 따라 변화하는 모습이 퍽 다채로운 까닭이에요. 봄이 오면 호롱 모양의 아름다운 미색 꽃을 틔우고서 이윽고 영롱한 초록빛 열매를 맺죠. 그리고선 거짓말처럼 깊고 짙은 블루로 물들어갑니다. 열매를 다 내어주고도 여름 속에서 마치 관엽수처럼 무성한 생장을 거듭하다 가을엔 마치 유화의 붓 자국처럼 단풍이 들어요. 서리가 내릴 즈음엔 마침내 아름다운 낙엽을 떨구고 앙상한 가지만 남아 월동을 준비하죠. 블루베리는 기온이 영하로 떨어지는 노지에서 겨울을 맞아야 이듬해 튼실한 열매를 맺는다고 하네요.

참, 주의할 점을 빠뜨릴 뻔했군요! 블루베리를 호시탐탐 노리는 하늘 위의 불청객이 있답니다. 바로 시시때때로 날아드는 새예요. 전 항상 마지막으로 익은 블루베리는 맛보지 못했어요. 마치 감나무에 까치밥을 남기듯 얼마 남지 않은 블루베리는 새의 몫으로 사라져 갔으니까요. 선의의 게으름이라 해둡시다.

나무에서 갓 따낸 신선한 블루베리는 머핀의 훌륭한 재료예요. 머핀 반죽 속에 촉촉하게 스며들어 은은한 단맛을 선사하죠. 생크림을 곁들여 풍미를 첨가하면 입안이 행복해질지도 모르겠어요!

참, 블루베리 꽃이 만개할 무렵 어디선가 맡아본 흔한 향수 냄새가 풍겨 온다면 그건 블루베리 꽃의 향기랍니다. 미색의 초롱꽃 사이로 인위적인 냄새가 퍼져 나온다고 해서 놀라진 마세요. 자연 속에 본래 존재해 온 요소가 이따금씩 비현실적으로 다가올 때도 있으니까요.

블루베리 머핀

재료 | 블루베리 100g, 머핀믹스 250g, 달걀 2개, 우유 50ml, 버터 80g, 토핑용 생크림 200ml와 설탕 20g

55mm 머핀컵
6개 분량

1. 달걀을 풀고 우유를 부드럽게 섞은 물에 머핀믹스를 채반으로 곱게 내려 친다. 휘핑기를 이용해 내용물을 부드럽게 섞어준다.
2. 중탕에서 녹인 버터를 첨가하며 반죽을 마무리한다.
3. 반죽에 블루베리를 넣고 내용물이 잘 섞이도록 저어준다.
4. 머핀틀에 머핀컵을 하나씩 꽂고 반죽을 적당량 나누어 담는다.
5. 오븐을 180도로 맞추고 5분간 예열한 뒤 머핀을 20-25분 굽는다.
6. 믹싱볼에 생크림 200ml에 설탕 20g을 넣고 설탕이 완전히 녹을 때까지 휘핑해준다. 완전히 식은 머핀 위로 생크림을 토핑한다.
7. 생크림 가운데 블루베리를 얹어 장식한다.

키친 가든

입 속에서
피어나는 꽃

무화과는 과일과 채소의 경계에 있는 식재료 같아요. 마치 토마토처럼 말이에요. 왜냐하면 열을 가해도 풍미를 간직한 채 다른 식재료와 어우러지며 환상의 조합을 선사하거든요.

클라푸티clafoutis는 달걀, 밀가루, 우유 등을 섞어 만든 프랑스식 디저트에요. 프랑스 중서부에 위치한 리메지Limeges 지방 특산물인 블랙 체리를 곁들이는 것이 전통 방식이죠. 소박한 가정식 디저트인 클라푸티는 부드럽게 푼 달걀물에 달콤한 과일을 섞어 먹음직스럽게 구워내는 게 전부예요. 왠지 낯설고 발음하기 어려운 이름 탓에 전문 파티시에의 손을 거쳐야만 맛볼 수 있는 파티셰리*로 오해할 수도 있겠네요. 저 또한 과감하게 클라푸티에 도전장을 내밀기 전까진 그랬으니까요. 반드시 블랙 체리가 아니어도 신선한 제철 과일이라면 언제든 클라푸티를 구워낼 수 있어요.

무화과는 꽃이 피지 않는 과실이라는 뜻이지만 그 이름처럼 정말로 꽃이 피지 않는 건 아니랍니다. 탐스러운 열매 속으로 달콤한 꿀이 가득 찬 꽃을 머금은 신비로운 과일이니까요. 여름내 부드러운 나뭇가지 마디 사이로 초록 열매를 맺고 뜨거운 햇살 아래 검붉게 익어가는 무화과는 늦여름과 가을의 문턱 사이에 속이 가득 차올라요. 과육이 무르고 겉껍질이 발달하지 않아 수확한 뒤 비교적 빠른 시일 안에 먹어야 무화과 본연의 맛과 향을 즐길 수가 있답니다. 클라푸티 속의 무화과는 밖으로 모습을 드러내지 않는 그 맛이라고나 할까요.

*파티셰리(patisserie): 디저트를 파는 상점, 또는 케이크, 파이류의 디저트를 일컫는 말.

무화과 클라푸티

| 재료 | 무화과 5-6개, 달걀 2개, 박력분 40g, 설탕 20g, 우유 200ml, 올리브유 1/2작은술, 바닐라 농축액 3-4방울,
<u>18x18x4cm</u> | 소금 1꼬집, 버터 적당량, 슬라이스 아몬드 10g, 슈가파우더 약간
<u>오븐용기 분량</u>

1. 믹싱볼에 달걀 2개를 풀고 설탕과 우유를 첨가해 내용물을 부드럽게 잘 섞는다.
2. 체에 받쳐 곱게 내린 박력분을 1에 섞어 반죽을 부드럽게 만든 뒤 바닐라 농축액과 소금 1꼬집을 추가한다.
3. 오븐용기 표면에 버터를 듬뿍 발라 준다.
4. 슬라이스 아몬드를 손으로 으깨듯 쪼개 용기 바닥에 흩뿌린다.
5. 무화과는 깨끗이 씻은 뒤 종단면으로 잘라 단면이 위로 향하도록 용기에 플레이팅한다.
6. 반죽을 무화과 사이로 과육이 완전히 잠기지 않을 만큼 부어준다.
7. 180도에 맞춰 5분간 예열한 오븐에서 15-20분 굽는다.
8. 구워진 클라푸티 위로 슈가파우더를 뿌려 완성한다.

키친 가든

북유럽의 향기

가을이 끝자락으로 향할 즈음이면 옥상정원 풍경도 하나둘씩 변해 갑니다. 찬 이슬이 내리는 한로寒露를 기점으로 영원히 뻗어 나갈 것만 같던 식물의 생장도 주춤해지기 시작하죠. 태양빛을 튕겨내며 분주하게 오가던 날벌레들은 자취를 감춘 지 꽤 오래 되었습니다.

한결 스산해진 풍경 틈에서 그럼에도 불구하고 초록의 생기를 더하는 허브가 있습니다. 바로 딜이죠. 북유럽에서 흔히 즐기는 허브답게 척박한 환경에서 적응해온 강인한 생명력으로 어쩌면 한 해의 마지막이 될지도 모를 옥상정원의 유희를 재촉하는데요.

딜은 연어를 위한 허브라고 해도 과언이 아닙니다. 그 잎은 섬세한 깃털 모양을 하고서 들판의 청량한 향을 통통 튕겨내죠. 마침 가을이 제철인 신선한 연어와 만나 짧고도 길었던 옥상정원의 한 해를 푸릇하게 갈무리합니다.

그라브락스는 일종의 연어 염장식으로 북유럽에서는 일상적으로 즐기는 요리입니다. 과거엔 염장한 연어를 땅에 묻어 오랜 발효를 거친 뒤에나 맛보는 귀한 음식이었지만 근래에는 발효 과정 없이 짧은 숙성을 거쳐 먹을 수 있도록 변형되었다고 하네요. 푸릇한 딜과 신선한 연어만 준비되어 있다면 북유럽의 향기를 느껴볼 수 있습니다.

연어 그라브락스

재료 | 연어 500g, 딜 200g, 설탕 125g, 소금 125g, 레몬과 오렌지 제스트 3g씩, 보드카 1큰술
연어 500g 기준 후레시 딜 머스터드 소스 - 사워크림 3큰술, 디종 머스터드 1큰술, 꿀 1큰술, 소금 1꼬집, 딜 다진 것 약간

1. 딜은 흐르는 물에 깨끗이 씻어 물기를 털어낸 뒤 줄기를 제외한 잎을 잘게 다진다.
2. 넓은 그릇에 다진 딜 100g과 염장 재료를 혼합해서 잘 섞어준다.
3. 염장 재료에 손질한 연어를 듬뿍 버무려준다.
4. 나머지 딜 100g으로 염장한 연어의 표면이 완전히 덮이도록 감싼다.
5. 냉장고에서 이틀 이상 숙성 기간을 거친다.
6. 숙성된 연어에서 흘러나온 물을 따라 버리고 겉면을 정리해둔 뒤 신선한 딜 잎을 다져 그라브락스 표면에 골고루 뿌려준다.
7. 먹기 좋은 크기로 단면을 썰어 후레시 딜 머스터드 소스와 함께 애피타이저 또는 카나페 스타일로 즐긴다.

> Tip _ 카나페 스타일의 그라브락스는 캉파뉴 위로 머스터드 소스를 듬뿍 바르고, 그라브락스 두세 조각을 올린 뒤 슬라이스 적양파와 케이퍼를 곁들이는 요리입니다. 그라브락스는 아보카도와도 궁합이 좋아 함께 곁들여도 훌륭하죠.

키친 가든

ESSAY

나의 작은 정원

정원을 가꾸고 수확물을 거두는 일은 삶을 지탱해줄 작은 유희에 가깝다. 흙에 던져 놓으면 모래 알갱이와 구분하기도 힘들 정도로 나약하고 작은 씨앗. 그럼에도 불구하고 싹을 틔우고 어느덧 무성하게 자라나 꽃을 피워 날벌레를 유혹해 결실을 맺고서 다시 근원으로 돌아간다. 씨앗 하나에도 우주가 담겨 있노라 누군가 이야기하지 않았던가.

개량 한옥에는 으레 타일로 마감한 화장실이 마당 한편에 딸려 있다. 화장실 위로 난 한 평 남짓한 공간이 바로 나의 옥상정원이다. 한옥에 옥상이라니. 용마루를 타고 처마 끝으로 수렴되는 한옥의 지붕에서는 상상할 수 없는 공간일 것이다. 드넓은 마당을 활용했을지언정, 굳이 옥상을 낼 필요가 없었을 테니 말이다. 그러나 여긴 사람과 건물이 숲을 이루는 도심 한가운데가 아니던가. 재개발의 광풍을 운 좋게 비켜 간 오래된 동네에서 한 구역에 빼곡이 늘어선 주택 사이로 좁다란 골목이 흐르며 드넓지도, 그렇다고 비좁지도 않은 개량한옥의 자생적 주거 형태는 오랜 도시생활자들의 변칙된 생활 방식이 반영된 결과물이다.

계절이 변화함에 따라 처마 끝을 따라 가변적으로 실내에 스미는 태양광이 일상생활의 적합한 광량이라면,

동틀 녘부터 서산으로 해가 저물기까지 종일 온 사방에서 내리쬐는 태양빛은 온전히 옥상 차지다. 듬뿍 떨어지는 태양빛 세례에 무방비로 노출된 옥상에서 그 빛을 무한히 머금은 시공간에 머무르고 있을 때면 마치 내가 하나의 식물이 된 듯한 착각에 사로잡히기도 한다. 나만의 정원을 갖고 가꾸는 일은 얼마나 축복인가! 그것이 손바닥만한 화분이건, 한평 남짓한 공간이건, 제제의 영원한 친구로 언제고 그곳에 존재할 라임오렌지나무가 자라나는 들판이건 간에 말이다.

초여름부터 늦가을까지 방울방울 맺히는 토마토는 투명한 붉은빛으로 정원의 색채를 풍부하게 채워가고, 초롱꽃 사이로 그 어느 눈동자의 깊은 우수보다 짙게 물들어가는 블루베리, 절기마다 수확이 가능한 붉고 예쁜 래디시는 어느 요리에도 잘 어울리며, 완벽에 가까운 초록의 채도를 뽐내며 나지막한 덩굴을 타고 영그는 완두콩, 아삭하고 달콤한 로메인 상추, 가드닝의 서막을 열어 준 바질과 이국적인 향기를 튕겨내는 고수, 나비의 아름다운 날갯짓 뒤로 곧 산란장이 되어갈 루꼴라 화분, 낯선 미지의 들판을 옮겨 온 듯한 상쾌한 딜의 군락, 연중 흐드러진 꽃이 피고 지기를 반복하는 예쁜 세이지, 바람결에 날아와 무심코 돋아난 잡초는 어느덧 꽃을 틔우고서 카모마일로 자라나 달콤하고도 나른한 꿈의 세계로 이끈다. 널찍한 잎사귀 아래 서늘한 그늘을 드리우는 무결점의 무화과 나무는 뜨거운 여름 옥상으로 오른 고양이들의 안식처가 되어준다. 이 모든 게 그 자리에 놓인 흙과 태양빛, 일렁이는 바람을 타고 빚어진 또 하나의 작은 세계인 것이다. 더불어 나의 자연스러운 무관심과 약간의 정성이 깃든 정원이란, 한 발치 멀리서 바라보았을 때 또 다른 나의 자화상을 그려내고 있는 듯하다.

정원엔 계절 속의 작은 계절이 깃들어 있다. 나는 정원을 통해 이 세계의 정령을 머금고 가득 차오른 풍경과 대기의 질감과, 그 싱그러운 향내를 감각한다. 따스한 봄볕에 귀엽게 돋아난 신록은 이윽고 펼쳐진 오뉴월 속에서 온통 초록빛으로 물들고, 온난전선과 한랭전선이 팽팽한 기싸움 끝에 펼쳐 놓은 장마전선의 고온다습한 한여름 속에선 무성하게 만개한 넓은 잎사귀들이 바람결에 서로 부닥치며 청량한 울림을 튕겨내며, 하루가 다르게 영원히 뻗어나갈 것만 같던 싱그러운 녹음은 지평선 너머로 소멸해가는 늦여름을 맞아 짧았던 계절의 유희를 갈무리해간다. 겨우내 앙상한 가지 사이로 수줍은 잎망울을 머금은 나뭇가지와 땅속에 잠시 웅크린 뿌리는 또다시 해를 거듭하며 생을 이어갈 것이다. 언제고 그러하길 바란다. 이토록 아름다운 세계를 이어나갈 퍽 귀중한 원천이므로.

나의 작은 정원

맛은 추억을 불러일으키고 의도치 않게 내밀한 기억을 타인과 공유하게 됩니다. 너무도 당연한 듯 눈앞에 밀려든 일상의 소중함을 미처 돌아보지 못한 채 기억 속 희미해진 추억을 회상해 봅니다. 소중한 사람들과 평범한 음식을 나누던 보통의 순간들이요. 오늘의 맛이 먼 훗날 시공간을 넘나들며 또 다른 추억으로 되살아나기를 바라며 보통의 식탁을 선사합니다.

천연 조미료의 맛

언제부턴가 '조미료'라 하면 손사래부터 치는 경향이 사뭇 생겨났습니다. 그런데 거기에 '천연'이라는 수식어를 붙이면 우리의 몸과 마음을 구원해 줄 듯한 치유제인 양 맹신하기에 이르렀죠. 여기서 MSG 논쟁을 하자는 건 아니에요. MSG 또한 자연적인 화학반응에 의한 물질이며 단지 문제라 한다면, 적은 양으로도 감칠맛을 끌어올리니 요리가 퍽 맛있어진다는 것입니다. 저 또한 국을 끓이거나 무침을 할 때 어딘가 허전한 맛을 향미증진제로 채우곤 합니다. 정성껏 요리한 음식의 조화로운 맛을 살짝 끌어올릴 정도로요.

그런데, 향미증진제 한 톨 없이도 감칠맛을 낼 수 있는 식재료가 바로 조개랍니다. 초여름까지 제철을 맞은 신선한 바지락 한 봉이면 감칠맛은 물론 얼큰하게 속을 채우는 칼국수 한 그릇을 즐길 수 있어요. 실제로 조미료 성분에 조개 추출물을 첨가한다는 사실에서 그 감칠맛을 짐작해볼 수 있습니다. 단, 조개를 요리할 때는 제철을 맞은 신선한 조개를 사용할 것과 충분한 해감을 거쳐 오버쿡이 되지 않도록 약간의 주의만 기울인다면 그 맛은 꽤 성공적일 거예요!

바지락 칼국수

재료	바지락 1kg, 칼국수 200g, 물 1L, 당근과 애호박 1/3개씩, 양파 1/4개, 홍고추와 청고추 1/3개씩,
<u>2인분 기준</u>	국간장 1큰술, 소금과 후추 약간씩

1. 바지락은 굵은 소금 1큰술에 담가 한시간 이상 해감한다.
2. 냄비에 물 1L를 붓고 어슷썰기 한 채소를 넣고 끓인다.
3. 다른 냄비에 칼국수를 초벌로 삶아 찬물에 살짝 헹구어 전분기를 제거한다. (진득한 국물을 선호한다면 채소 육수에 면을 삶아도 괜찮아요.)
4. 해감된 조개를 깨끗한 물에 서너 번 헹군 뒤 한풀 끓어 오른 채소 육수와 함께 끓인다.
5. 칼국수 면과 고추를 넣고 국간장, 소금과 후추로 간을 맞춘다.
6. 면기에 먹기 좋게 담아내면 완성.

꽃게
한 상

꽃게는 제철이 다가오면 큰맘 먹고 맛볼 수 있는 다소 특별한 식재료에 가깝습니다. 보통의 식사 서너 끼의 합을 호가하는 시세와 까다로운 손질법, 번잡한 뒤처리 등 꽃게를 다루는 것은 호락호락한 일은 아닐 것입니다. 게다가 선도가 조금이라도 떨어질 경우엔 바로 위장이 반응해버리니 잘 먹어야 본전인 셈이죠. 그럼에도 불구하고 입맛을 끌어당기는 꽃게의 맛은 떠나가는 나그네의 발목을 잡아챌 정도로 매력적입니다.

봄은 알이 꽉 들어선 암꽃게의 계절입니다. 노련한 수영 실력으로 구석구석 바다를 누비고 다니는 만큼 그 속엔 바다의 흔적이 가득 들어차 있죠. 본격적인 요리에 들어가기에 앞서 불순물을 깨끗이 제거하는 작업은 필수랍니다.

꽃게를 먹는 데에도 나름의 순서가 있어요. 먼저 찜기에 꽃게를 쪄서 꽃게 본연의 맛을 즐깁니다. 다음으로 게딱지에 속속들이 붙은 내장과 밥과 양념을 섞어 든든히 배를 채우죠. 마지막은 시원하고 개운한 국물을 우려낸 꽃게탕으로 장식합니다. 된장으로 잡아낸 꽃게 잡내와 시원한 감칠맛이 우러난 무, 갖은 채소 그리고 칼칼한 고춧가루 양념으로 뒷맛을 이끄는 꽃게탕은 알싸한 증류주를 동반하며 하루 동안 쌓인 피로를 날려 버리기도 하죠! 그렇게 핑크빛 알이 가득 찬 봄날의 꽃게가 식탁에 오르는 날엔 화려한 색채의 향연을 펼치는 계절의 정취와 함께 밥상 또한 붉게 물들어 갑니다.

> Tip _ 꽃게를 손질할 땐 거친 솔을 활용해 구석구석 닦아 주어야 합니다. 특히 배 아래쪽 개폐부에 불순물이 많이 끼어 있어요. 찜기에 찔 땐, 배가 찜기 윗면을 향하도록 등 부분을 아래로 놓는 게 좋아요. 육즙이 아래로 흘러 나가는 걸 막아주거든요. 찌는 시간은 양에 따라 10-15분 정도예요. 김이 모락모락 서린 냄비 뚜껑을 열면 붉게 물든 게딱지 속으로 고소한 향이 풍기는 부드러운 속살을 만나 볼 수 있게 됩니다.

꽃게탕

재료	꽃게 2kg, 물 1.5L, 다시마 2조각, 무 1/6개, 양파 1/2개, 애호박 1/3개, 청색고추와 붉은 고추 1/3개씩,
<u>4인분 기준</u>	대파 7cm, 된장 1큰술, 국간장 1큰술, 고춧가루 2큰술, 다진 마늘 1/2큰술, 청주 1큰술, 소금 약간

1. 꽃게는 거친 솔 등을 활용해 깨끗이 씻은 뒤 등과 배 부분의 껍데기를 제거하고 반을 가른다. 다시 반을 갈라 약 4조각 정도로 준비한다.
2. 냄비에 물 1.5L를 붓고 다시마 2조각과 나박썰기한 무를 넣고 한 번 끓인다.
3. 된장을 체에 걸러 냄비에 부드럽게 풀어준 뒤 손질한 꽃게를 넣고 끓인다.
4. 양념을 한데 섞어 끓는 냄비에 첨가한다.
5. 먹기 좋게 손질한 채소를 넣고 약 5분간 더 끓이면 완성.

● 완성된 탕에 쑥갓을 올리면 향긋한 풀내음이 꽃게의 비릿한 향과 잘 어우러진다.

보통의 식탁

고소한
별미

콩국수는 여름철 별미 중 하나입니다. 지난 가을에 수확해 말린 백태가 바로 고소한 콩물의 주인공이죠. 냉장고 귀퉁이에 양껏 채워둔 콩물 한 병만 있으면 여름 무더위에 입맛을 잃은 마음 한구석이 왠지 든든해 옵니다.

뭇사람들이 사랑하는 한 그릇인 만큼 조리법도, 올라가는 고명도 조금씩 달라요. 경상도에서 나고 자란 저는 입자가 씹히는 진득한 콩물에 소금 간으로 즐기는 반면, 전라도가 고향인 남편은 갈아낸 콩물을 면포에 걸러낸 맑은 콩물에 설탕으로 간을 맞춰 먹는다 들었어요. 어떤 집은 견과류, 깨, 곡물가루 등을 섞어 고소한 맛을 한층 끌어올리기도 하고요. 간혹 생강즙을 첨가해 콩의 비린 맛을 중화시키는 것도 비법이에요!

맑은 콩국수는 정성이 가득 들어가는 만큼 목 넘김이 상쾌하며 담백한 맛이 일품입니다. 고명도 취향껏 올려 보도록 하세요! 여름 속에서 하루가 다르게 익어가는 붉은 토마토도 좋고, 예쁘게 반쪽 낸 삶은 달걀을 첨가해도 좋아요.

맑은 콩국수

재료 | 백태 300g, 소면 200g, 달걀 2개, 오이 1/2개, 소금 적당량, 물 1L
2인분 기준

1. 백태는 하루 저녁 물에 담가 불린다.
2. 불어난 콩의 투명하게 일어난 겉껍질을 벗긴다.
3. 끓는 물에 소금 1작은술을 넣고 불린 콩을 10-15분간 삶는다.
4. 한풀 식힌 콩을 블렌더에 넣고 물을 첨가하면서 갈아준다.
5. 퓨레 형태로 갈린 콩에 물 1L를 넣고 잘 섞는다.
6. 면포에 콩물을 부어가면서 맑은 콩물과 찌꺼기를 분리한다.
7. 맑게 내린 콩물은 통에 담아 냉장고에 보관한다.
8. 소면은 끓는 물에 삶아 찬물에 헹구고, 오이는 씨 속을 제거한 뒤 채 썬다. 달걀은 흰자와 노른자를 분리해 지단을 부쳐 채 썬다.
9. 면기에 소면을 옮겨 담고, 차가운 콩물을 부어준다.
10. 고명을 얹은 뒤 소금 또는 설탕으로 취향껏 간을 맞춘다.

잔칫날의
추억

―

제가 나고 자란 곳은 경상북도, 그것도 소백산 자락 깊숙한 곳에 자리 잡은 작은 마을입니다. 내륙지방답게 어려서부터 해산물이라면, 소금에 절인 짠 내 나는 간고등어가 전부인 줄로만 알고 지냈죠. 그것도 선도가 살아있는 생선 구이가 아닌 소금에 푹 절인 간고등어에 고춧가루 양념을 듬뿍 얹은 찜요리 정도로요.

어쩌다 누구네 집에 경조사가 깃들면 온 마을은 일상의 권태에서 잠시 벗어나 축제 분위기로 화합니다. 정짓간에 옹기종기 모여든 성씨도 고향도 다른 부녀자들은 교자상을 한 상 가득 채우느라 분주하게 움직이죠. 모자라는 음식은 빈 접시에 채워내고, 그날 따라 인기가 없는 그릇은 상에서 치우기를 반복하다 보면 얼핏 잔치가 파하는 분위기입니다.

어쩌다 제시간을 맞추지 못한 손님이 멋쩍게 고개를 내밀어도 접객에 동나지 않는 먹거리가 있었으니 바로 동해에서 건져 올려 뜨거운 물에 데친 문어 숙회입니다. 어린 저 또한 온갖 산해진미의 비릿한 짠 내와 취기 어린 향연 속에서 젤리같이 말랑말랑한 문어를 질경질경 씹으며 풀내음, 이슬 냄새 나는 사투리의 리듬 속으로 빠져들어 갔을 테죠.

불교도 기독교도 천주교 신자도 딱히 아닌 마을 사람들은 무교, 아니 차라리 유교儒教에 가까운 삶을 살았던 것 같습니다. 인仁을 기초로 한 윤리 강령, '수신 제가 치국 평천하'의 정치 철학관, 인간 본연에 내재된 도덕성에 대한 근본적인 신뢰 따위를 지니고 말이죠. 무언의 유교 강령이 수백 년 동안 뿌리를 내린 집성촌에서 시커먼 먹물을 머금고, 바다 깊은 곳에서 몸을 낮춰 생활하는 문어의 모습이란 그들의 자화상과도 같았던 것일까요. 마치 문어가 선비의 지조와 신념, 그리고 겸양을 지니고 있는 것처럼요.

엄연한 사실 관계를 따지자면, 문어가 경상도 북부지방의 전통 음식이 된 건 1955년 영동선이 개통하면서부터라고 합니다. 동해에서 갓 잡아 올린 문어가 기차로 영주에 도착할 즈음이면 가장 맛있는 상태로 숙성이 이루어졌던 거죠. 지역 사람들은 그 맛에 반해 특별한 날 상에 빠지지 않고 올려왔던 것이고요.

문어 솥밥

재료	쌀 1컵, 다시마 2조각, 자숙 문어 150g,
2인분 기준	영양 부추 약간
	양념장 - 간장 2큰술, 참기름 1큰술, 다진 파 1큰술,
	고춧가루 1/2큰술, 통깨 1/2큰술

1. 쌀 1컵을 물에 30분 이상 불린 뒤 물 250ml를 첨가한다.
2. 다시마 두 조각과 편으로 썬 문어를 쌀 위에 펼치듯 얹는다.
3. 센 불 5분, 중불 8-10분, 약불 5분 정도 끓인 솥밥은 불을 끄고 5분간 뜸 들인다.
4. 다시마를 건져 내고 문어와 밥을 잘 섞어 그릇에 담아낸다.
5. 5cm 길이로 썬 영양부추를 밥 위에 얹은 뒤 양념장을 곁들인다.

보통의 식탁

부추 무침을 곁들인 문어 숙회

재료 | 영양 부추 50g, 양파 1/4개, 간장 1큰술, 고춧가루 1/2큰술, 식초 1/2큰술, 설탕 1작은술, 통깨 약간
2인분 기준
초장 - 고추장 3큰술, 식초 3큰술, 다진 마늘 1큰술, 매실액 1큰술, 통깨 1큰술, 설탕 1작은술
들기름장 - 들기름과 맛소금

1. 5cm 길이로 손질한 부추와 얇게 채 썬 양파를 볼에 담고 양념장을 넣어 무친다.

2. 자숙문어를 편으로 썰어 접시에 가지런히 놓고 영양 부추 무침을 곁들인다.

3. 문어 숙회에 초장과 들기름장을 취향껏 곁들여 즐긴다.

겨울
솥밥

―――

연근은 늦가을과 초겨울이 제철인 뿌리채소입니다. 연근은 겨울을 나기 위한 훌륭한 식재료 이상의 가치를 지니고 있죠. 바로 연근이 가진 따듯한 성질 때문이에요. 겨울철 추위에 지친 몸과 마음을 따스하게 녹여준다고나 할까요.

무엇보다 연근은 맑고 깨끗한, 때로는 고매한 느낌마저 풍깁니다. 진흙 속에서 독자적으로 청정함을 유지하는 까닭이죠. 흙투성이의 껍질을 벗겨내면 은은한 미색이 속살을 드러냅니다. 그리고 그 사이를 관통하는 균형 잡힌 듯 불규칙한 구멍은 미학적인 아름다움마저 자아내죠. 음, 이제 그만 연Lotus에 대한 예찬은 이쯤에서 마무리 짓도록 하고, 추운 겨울날 따스한 위로가 되어 줄 한 그릇을 소개할까 해요. 바로 연근 솥밥입니다.

찬 없이 양념장만으로 슥삭 비벼 먹은 겨울 뿌리채소 한 끼. 약간의 수고로움과 정성을 더해 솥밥을 지어먹으면 웬일인지 속이 든든해옵니다. 머지않아 계절이 바뀌고 진흙밭 사이로 싱그러우며 단아한 잎사귀를 넘실거릴 연근 밭 풍경을 떠올리며. 올해는 정말이지, 너른 연잎이 무성한 그 밭 사이를 천천히 걸으며 연밭의 풍경을 눈 속에 담아 놓아야겠어요.

연근 솥밥

재료	쌀 1컵, 연근 50g, 우엉 50g, 당근 1/4개, 표고버섯 3개, 곤약 50g, 식용유 1작은술, 쓰유 1작은술, 식초 1큰술
2인분 기준	양념장 - 간장 2큰술, 참기름 1큰술, 다진 파 1작은술, 다진 양파 1작은술, 통깨 약간

1. 쌀 1컵을 30분간 물에 불린 뒤 깨끗이 씻어 체에 받친다.
2. 연근과 우엉은 채칼로 벗겨 깨끗이 씻은뒤 통썰기한다. 손질한 우엉과 연근은 초물(물 2컵에 식초 1큰술)에 20분 정도 담가 아린 맛을 제거한다.
3. 당근은 편 썰고, 표고버섯은 자루를 제거한 뒤 슬라이스 한다.
4. 곤약은 얇게 썰어 뜨거운 물에 데쳐낸다.
5. 냄비에 불린 쌀과 물 250ml를 붓고 식용유 1작은술과 쓰유 1작은술을 첨가해 잘 섞는다.
6. 초물에서 건진 우엉과 연근은 흐르는 물에 한 번 헹궈 당근, 표고버섯, 곤약과 함께 밥 위에 얹는다.
7. 센 불 5분, 중불 8-10분, 약불 5분으로 조리한다.
8. 불을 끄고 5분간 뜸을 들인 뒤 채소와 밥을 잘 섞어 그릇에 담아낸다.
9. 종지에 잘 섞은 양념장을 곁들인다.

보통의 식탁

어느 겨울날의 반상

타고난 입맛이란 없습니다. 어려서부터 부모님의, 나아가 조부모님의 품 안에서 먹고 자란 음식이 식습관을 좌우하더군요. 그 틈에서 자연스럽게 맛을 알아버린 식재료가 하나 있어요. 바로 시래기라 불리는 푸른 무청입니다.

시래기는 늦가을 수확한 무 이파리를 엮어 겨우내 말린 것입니다. 구수한 맛과 부드러운 식감이 일품이죠. 무, 배추 따위의 겨울 채소는 워낙 흔했던 까닭에 무에서 삐져나온 잎쯤이야 특별할 것도, 귀할 것도 없는 식재료에 불과했습니다. '남이 장에 간다니 시래기 지고 나선다'라는 속담이 생길 정도였으니까요.

역설적이게도, 과거엔 그토록 대중적인 식재료가 점차 특수 채소가 되어가고 있는 듯한 인상을 지울 수 없는 요즘입니다. 보다 부드러운 식감을 위해 시래기용 무를 따로 재배하는 것이죠. 뿌리보다 줄기의 몸값이 더 비싸진 세태를 반영하는 풍경입니다. 그도 그런 것이 도시의 인구가 농촌 사회의 밀도를 현저하게 앞지른 현시대에 과거 흔했던 먹거리는 한낱 추억거리에 불과한 것일지도요.

찬바람이 불어오자 불현듯 스쳐간 입맛은 목청 끝에서 뭉근하게 잡아당기는 시래기의 구수한 향입니다. 저는 올해도 잊지 않고 시골에서 텃밭을 가꾸는 아버지에게 무청 몇 조각을 말려 달라고 주문했습니다. 굳이 일러두지 않아도 아버지는 이미 무청을 베어다가 예쁘게 줄 세워 매달아 놓았을 테죠. 시래기 향을 맡으면 스산한 겨울 풍경이 눈앞에 그려지는 듯해요. 살얼음 낀 논두렁과 회색 들판 사이로 봉긋 솟은 아담한 일출봉, 이따금씩 까치와 두루미가 허공을 가르는 퍽 한국적인 풍경이요.

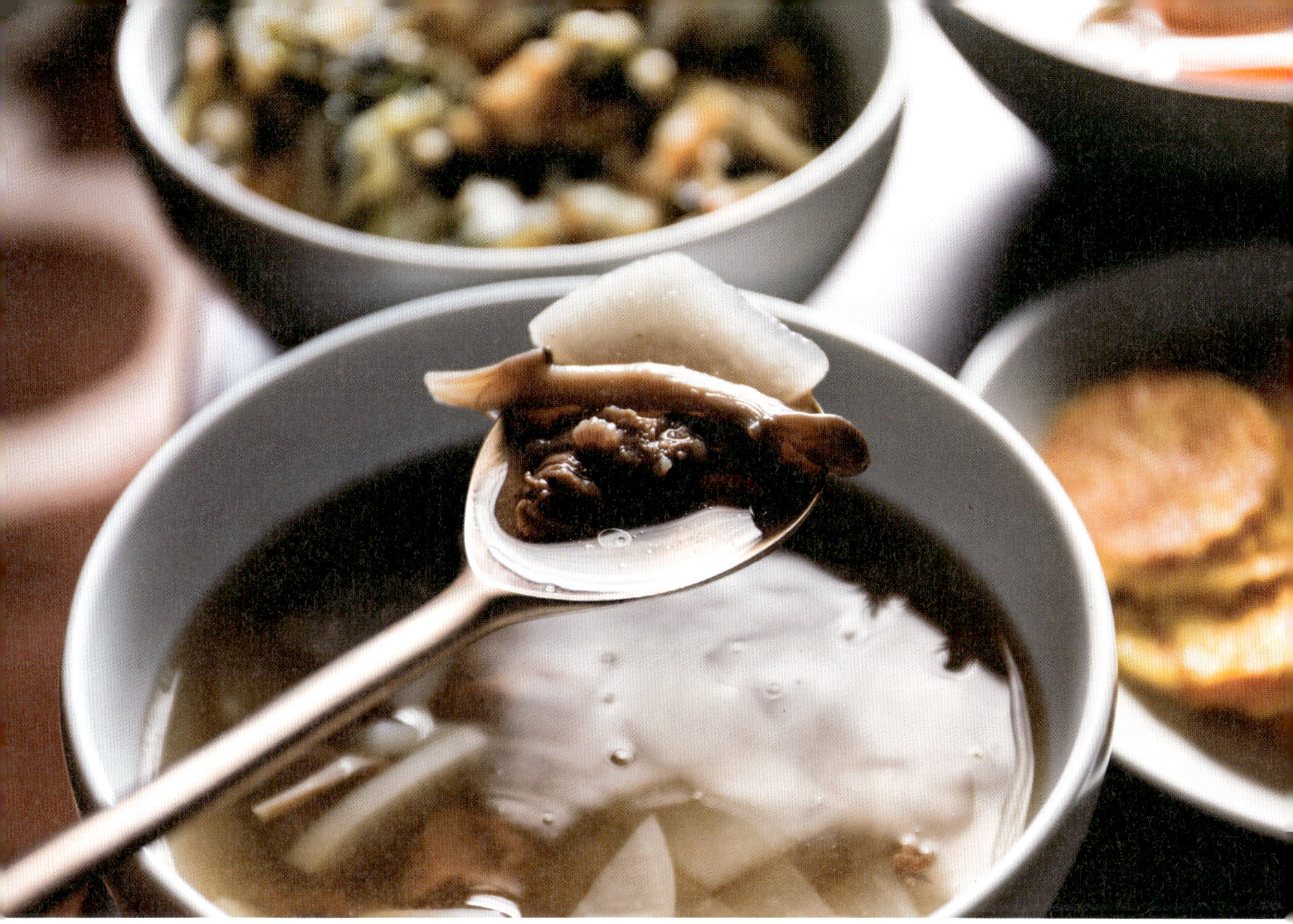

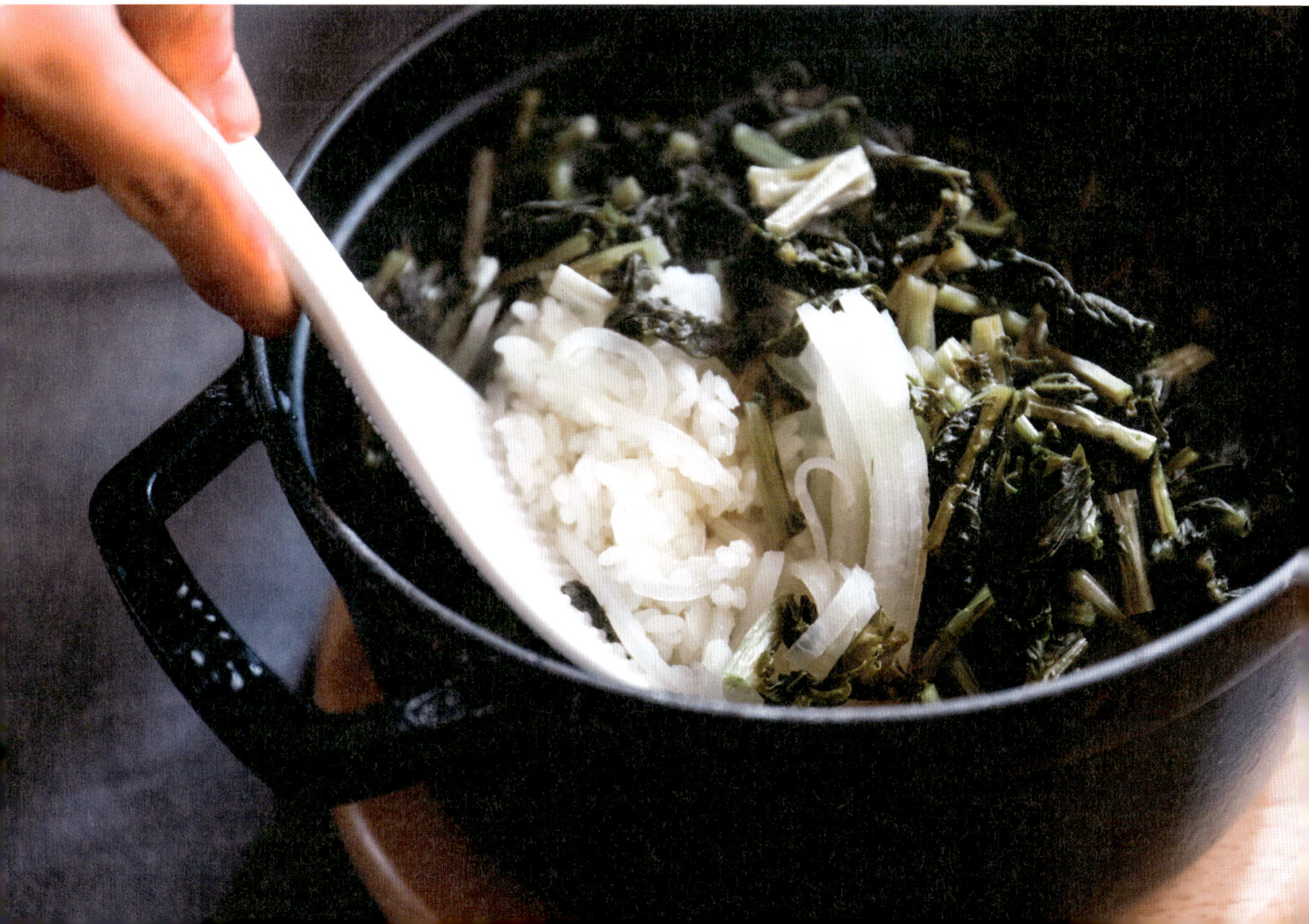

시래기밥

재료	쌀 1컵, 시래기 3-4줄기, 무 1/8개
2인분 기준	양념장 - 간장 2큰술, 참기름 1큰술, 다진 파 1큰술, 고춧가루 1/2큰술, 통깨 1/2큰술

1. 시래기는 하루 저녁 물에 불린다.
2. 불린 시래기는 깨끗한 물에 불순물이 우러나지 않을 정도로 반복해서 깨끗하게 헹군다.
3. 무는 채 썰고 시래기는 2cm 크기로 썰어 준비한다.
4. 30분가량 불린 쌀에 물 250ml를 붓고 준비한 시래기와 채 썬 무를 쌀 위로 잘 덮어준다.
5. 센 불 5분, 중불 8-10분, 약불에 5분 정도 끓인 뒤 불을 끄고 약 5분간 뜸 들인다.
6. 주걱으로 시래기와 밥을 잘 섞어 그릇에 담아내고 양념장을 곁들인다.

소박한 반상의
추억

소반은 우리나라 좌식 생활의 단면이 잘 드러나는 주방가구입니다. 한때는 집집마다 차곡차곡 쌓인 소반이 퍽 익숙한 풍경이었죠. 어느덧 입식 생활이 자리잡은 현대식 라이프스타일엔 의자와 식탁으로 멋을 부리게 되었습니다. 저도 한동안 소반에 대한 기억을 잊고 지낼 정도였으니까요.

그러다 우연히 전통을 재해석한 백자 반상기를 접하게 되었습니다. 그런데 반찬과 국, 밥을 아무리 정성껏 담아내도 한 상을 완전히 마무리 짓지 못한 미적지근한 마음은 어찌할 도리가 없더군요. 이유는 바로 그릇을 올리는 상에 있었습니다.

그날로 전 소반이 시렁 위에 쌓여 있던 큰집 정짓간의 기억을 떠올려가며 부랴부랴 소반을 공수해왔죠. 실로 오랜만에 바닥에 앉아 가부좌를 틀고 밥을 먹는데 중첩된 일상의 기억들이 마치 역사의 한 페이지마냥 떠밀려 오는 것이 아니겠어요. 왠지 짠 내가 밴 것 같은 오래된 소반 위로 켜켜이 쌓인 그날의 맛과 기억 그리고 추억이 말이에요.

어린 시절, 고택의 할아버지 할머니가 계시는 사랑방은 저만의 놀이터였습니다. 그리고 하루에 꼭 세 번씩 잘 차려진 소반이 사랑방 문턱을 넘나들곤 했어요. 작은 소반에 옹기종기 모여 앉아 식사를 할 땐, 서로 고려해야 할 관계따윈 해제되어 버려요. 소반이 작은 만큼 서로의 거리 또한 좁혀지거든요. 그렇게 매일같이 소반 위에서 '식구'가 되어버린 관계란 어느덧 맹목적인 사랑과 애착으로 번져만 가죠. 지금에 와서 돌이켜보면 단순히 혈연만으로 맺어진 가족 이상의, 작은 소반이 맺어 준 인연이 아니었을까요. 입식 생활에 어느덧 익숙해진 저 또한 소반을 매일 사용하진 않아요. 그러다 어쩌다 사람 냄새가 그리운 날, 소반을 꺼내 다과를 내거나 주안상 혹은 소박한 반상을 차려 좌식으로 대접합니다. 팔을 뻗으면 상대방에게 바로 닿거나 서로 마주 앉아 머리를 맞댈 수도 있는 거리죠. 바로 누군가의 온기와 체취가 느껴지는 그 거리 말이에요.

굴 국

재료
4인분 기준
굴 200g, 물 1L, 국간장 2큰술, 소금 1/2작은술,
다시마 3조각, 무 1/4개, 배추잎 3-4장,
쪽파 2줄기, 실고추 약간

1. 굴은 깨끗한 물에 헹구어 가며 조각난 껍질 등의 불순물을 제거한다.
2. 다시마 냉침한 물을 끓여 채소 육수를 준비한다.
3. 20분 정도 끓여 오른 채소 육수에서 다시마를 건져내고, 나박 썰기한 무와 배추, 소금 1/2작은술을 넣고 15분 정도 끓인다.
4. 한풀 끓어오른 국에 굴을 넣고 채 썬 쪽파와 얇게 썬 실고추를 넣고 약 5분간 더 끓인다.
5. 국간장으로 간을 맞추고 센 불에서 한풀 끓인 뒤 그릇에 담아낸다.

보통의 식탁

굴 무침

재료	굴 200g, 사과 1/4개, 무 1/8개, 쪽파 약간, 간장 1큰술, 액젓 1큰술, 고춧가루 1과 1/2큰술, 다진마늘 1/2큰술,
2인분 기준	설탕 1/2큰술, 참기름 1/2큰술, 통깨 약간

1. 무와 사과는 채 썰어 준비한다.
2. 찬물에 헹구듯 씻은 굴은 채반에 올려 물기를 빼준다.
3. 믹싱볼에 양념장을 섞은 뒤 준비된 재료를 넣고 한데 버무린다.
4. 참기름을 한 바퀴 두르고 통깨를 첨가해 뒤적이듯 버무리면 완성.

동지
팥죽

'동지팥죽'이라는 관용어가 친숙하게 다가오는 건 절기 문화가 여전히 일상 속에 녹아 있다는 반증입니다. 동지冬至는 24절기 중 22번째로 찾아오는 작은 계절이에요. 밤이 가장 길고 낮이 가장 짧은 날이죠.

동짓날엔 낮은 고도로 황도의 궤적을 그리는 태양빛이 퍽 애처롭게 느껴집니다. 이날만큼은 차갑고도 투명한 겨울 하늘 속에 떠오른 찬란한 태양의 위용을 감히 육안으로 대면하고픈 욕구가 슬며시 꿈틀거리기도 해요. 왜냐하면 동지를 기점으로 찬란한 태양이 다시금 부활하기 때문이죠. '태양의 부활'이란 동지가 지나면서 낮의 길이가 서서히 길어지는 현상을 상징적으로 표현한 것입니다.

예로부터 민간에서는 동지를 가리켜 '작은 설'이라 일컬었다고 합니다. 이는 "동지팥죽을 먹어야 진짜 나이를 한 살 더 먹는다"라는 세시풍속으로 우리 곁에 여전히 내려오고 있죠. 붉은 팥은 전통적으로 악귀를 물리치는 힘이 깃들어 있다 여겨졌습니다. 한 해를 마무리하는 시점에서 중첩된 일상을 무탈하게 갈무리하고, 또다시 이어질 나날들에 재수가 깃들길 기원하는 마음에서 비롯된 복된 축원인 것이죠.

신의 가호가 깃들길 바라는 마음은 21세기에도 여전히 유효한 발상일까요? 전통은 전통으로만 남아 있는 것일까요?

해마다 여전히 찾아 든 동짓날. 따듯하게 끓인 동지팥죽 한 그릇을 두 손으로 감싸 안으며 추운 겨울을 무사히 날 수 있도록 기원해봅니다. 보이지도 않는 악귀를 물리쳐 달라거나 터무니 없이 재수가 트이길 바라는 마음은 없어요. 팥죽 한 그릇을 사이에 두고 마주 앉은 누군가와 온기를 나눈다면 그것만으로도 충분하니까요. 그러고 보니 21세기의 동지팥죽은 '행복의 다른 이름'이 아니었나 싶네요.

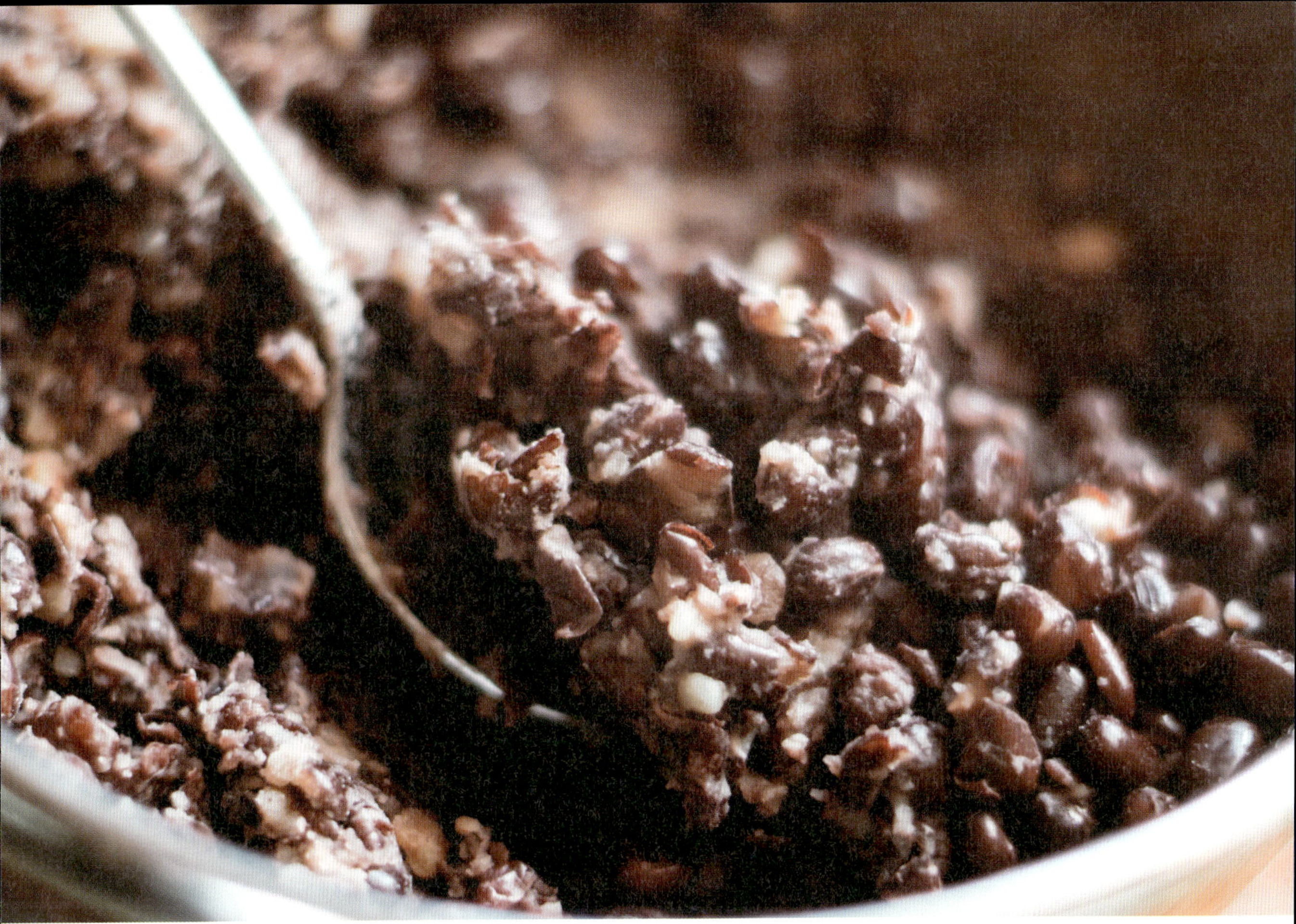
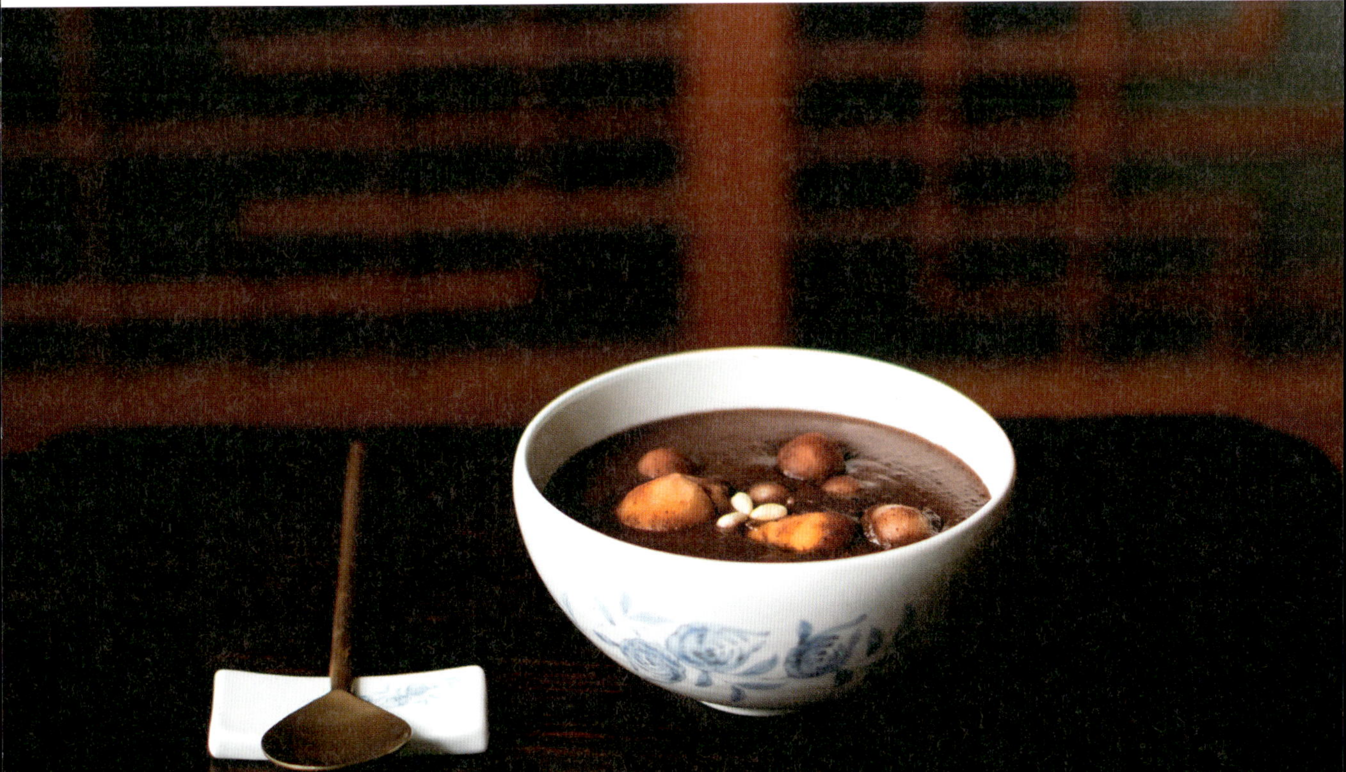

동지팥죽

재료 | 팥 500g, 설탕 4큰술, 소금 적당량, 밤 10개, 잣 12개
4인분 기준 경단 빚기 - 찹쌀 가루 100g, 물 70g, 소금 1작은술

1. 팥은 반나절 이상 불린다.
2. 팥의 3배수 이상 물을 넉넉히 잡고 중불에서 30분 이상 끓인 뒤 흐르는 물에 한 번 헹구어 낸다. 팥이 졸아들지 않도록 물을 첨가해가며 팥이 완전히 익을 때까지 푹 끓여준다.
3. 팥이 우러난 물은 따로 컵에 부어 보관한다.
4. 푹 익은 팥을 채반에 받치고 팥물을 부어가며 으깨 껍질과 소를 분리한다.
5. 찹쌀가루에 소금 1작은술을 섞고 뜨거운 물을 부어가며 익반죽한다.
6. 새알심은 팥죽에서 불어나니 약간 작게 빚는 게 좋다. 밤은 껍질을 손질한 뒤 끓는 물에서 약 10분간 초벌로 익혀둔다.
7. 팥소를 냄비에 옮겨 담고 물 3-4컵과 설탕 4큰술, 소금 적당량을 넣고 저어가며 끓인다. 빚어 둔 새알심과 밤을 넣고 약 10분 정도 끓이면 완성.
8. 그릇에 팥죽을 옮겨 담고 잣으로 장식한다.

고깃국을 위한
미학

―

1월 말이나 2월 중순 즈음, 음력설이 찾아들 무렵이면 큰집 마당의 온돌방과 이어진 가마솥에는 핏기가 시퍼렇게 서린 큼지막한 소고기 서너 덩이가 담겨 있었습니다. 투박하게 조각난 나박무, 그리고 가을 끝자락에 거두어들인 토란대도 함께 아궁이 속 타오르는 장작불을 타고 합을 이룰 모양새로 말이죠. 추위에 약한 부녀자와 어린아이들은 장작 더미가 활활 타오르는 아궁이 앞에 쪼그리고 앉아 시시콜콜한 대화를 이어가며 한 해의 시작을 맞이하곤 했죠.

시간이 얼마나 흘렀을까요. 오랜 시간 졸인 탕국은 최초로 제수상에 진상된 뒤 밥과 각종 찬, 과일과 떡, 술과 더불어 소반에 올라갔습니다. 새해를 맞아 종갓집을 방문한 동성의 아저씨와 웃대 어르신들은 반상 주변으로 둘러 앉아 뜨끈한 탕국에 흰 쌀밥 한 공기를 든든하게 비우며 아직 물러날 기색이 없는 추위를 대수롭지 않은 듯 여겼죠. 반상을 받지 못하는 부녀자들과 어린아이들은 부엌에 모여 밀려드는 잡일을 뒤치다꺼리하며 남자들이 먹다 남긴 음식을 대충 집어먹곤 했는데, 탕국만은 가마솥에서 새로 퍼 담아 새 그릇에 담아 먹을 수 있었죠.

제사가 치러진 훨씬 뒤에 맛보는 탕국은 일찍 퍼담은 것보다 훨씬 깊은 맛이 우러났습니다. 가마솥에서 타고 남은 숯의 잔열로 인해 더욱 뭉근하게 졸여진 까닭에서요. 무와 토란대의 섬유질은 그 질감이 느껴지지 않을 정도로 부드럽게 식도를 타고 넘어갔죠. 장시간 조리한 고기의 조직은 부드러운 젤리를 삼키듯 입속으로 퍼져가고 있었습니다. 고깃결 사이로 붙은 지방질의 고소함과 혀를 휘감는 육즙, 완성 직전 가미된 국간장과 소금의 짠기가 은근하게 밴 뜨끈한 탕국 한 그릇의 맛이란 새벽부터 바지런 떨며 시작된 지루하기 그지없는 새해 첫날의 풍경과 함께 뇌리에 각인되어 있습니다.

추운 겨울날, 영하의 기후가 반 이상 지속되는 척박한 환경에서 한정된 단백질이나 지방을 가장 효과적으로 섭취할 수 있는 방법은 고깃국을 끓여 먹는 것이었습니다. 두툼한 한 덩이의 고기를 그 무게의 수십 배쯤은 되는 물에 우려 적당한 농도의 육수로 밥과 함께 곁들여 먹는 것으로 말이죠. 우리에게 너무나 익숙한 탕반 문화는 공동체 사회를 이루며 공평한 먹을거리를 추구했던 선인들의 가치 또한 깃들어 있습니다. 비록 저는 이 고깃국을 일개 몸보신용으로 소비하고 있지만 따듯한 한 그릇을 누군가와 나누고 싶은 충동이 엄습합니다. 그건 부지불식간 마음 속에 내재된 고깃국에 대한 애착이 DNA 속에 흐르고 있는 까닭에서가 아닐까요.

갈비탕

재료 | 갈비 400g, 무 1/3개, 물 1.5L, 소금 1큰술, 파 약간, 후추 약간
<u>2인분 기준</u>

1. 갈비는 흐르는 물에 헹구듯 씻은 뒤 찬물에 2-3시간 담가 핏물을 제거한다.
2. 핏기가 어느 정도 가신 갈비는 끓는 물에 10분 정도 초벌한다.
3. 겉만 살짝 익은 갈비를 건져 지방을 손질하고 불순물을 제거한다.
4. 냄비에 물 1.5L를 붓고 손질한 갈비와 토막낸 무, 소금 1큰술을 넣고 센 불에서 약불로 줄여가며 1시간 정도 끓인다..
5. 갈비탕을 냄비째 식혀 수면 위로 하얗게 굳은 지방을 걷어낸다.
6. 갈비탕을 다시 끓일 때 졸아든 물 한두 컵을 정도껏 추가하고 소금으로 취향껏 간을 맞춘 뒤 다진 파와 소금, 후추를 곁들여 상에 올린다.

마음을 담아
손으로 빚다

정초가 밝아올 즈음이면 성씨가 모두 제각각인 집안 부녀자들은 읍내 방앗간에 나가 지난가을의 햅쌀로 가래떡을 맞췄습니다. 한겨울의 차갑고 건조한 대기 속에서 반나절 정도 굳은 가래떡은 정초 전야에 일사불란하게 썰려 나갔죠. 부녀자들의 손끝에서 울려 퍼지는 경쾌한 칼 소리가 묵은해의 마지막 밤을 수놓았습니다.

부모님이 젊고 내가 어렸을 적엔, 온 가족이 둘러앉아 만두를 빚었던 기억이 희미하게 남아 있습니다. 어머니는 밀가루를 치대면서 말랑말랑하고 뽀송뽀송하게 뭉쳐진 반죽으로 스누피 인형을 장난스럽게 만들어 보였죠. 제가 개구쟁이 비글의 광팬이었거든요. 어린 저는 밀가루 인형을 보면서 물개처럼 박수를 치며 환호성을 질렀을 거예요. 그것도 잠시, 하얀 스누피 머리와 몸통은 곧 만두피로 변했을 테죠.

마침내 새해가 밝아오고, 행여나 눈이라도 쌓이면 큰아버지가 가장 먼저 일어나 마당에 소복하게 내려앉은 눈을 치웠습니다. 싸리 빗자루가 바닥에 쓸려 나갈 때마다 날카로운 마찰음이 울려 퍼집니다. 조부모님과 함께 사랑방에 잠들어 있던 저는 정초 새벽부터 귓불을 때리는 빗질에 선잠에서 깨어납니다. 이윽고 큰아버지는 사랑방 아궁이에 불을 지피기 시작하죠. 장작의 온기가 엉덩짝으로 옮아오자, 저는 불구경을 위해 사랑방 문을 열어젖히고 밖으로 향합니다. 장작불이 활활 타오르기 시작하면서 가마솥에 고인 물이 수증기를 뿜어내고 있죠. 수증기와 새벽안개는 대기를 두고 영역다툼을 하듯, 수증기는 안개로 인해 희미한 풍경들을 선명하게 지워 나갔고 안개는 수증기가 침투한 곳에 자신들의 아군을 끊임없이 진군시켰습니다. 전 어서 빨리 날이 밝아오길 바라는 마음에 큰아버지가 더 큰 장작을 아궁이 속에 밀어 넣길 바랄 뿐입니다. 입자가 고운 알갱이들은 큰아버지의 머리칼에 정제된 백설탕처럼 내려앉았습니다.

마고자와 방한용 두루마기를 걸친 엇비슷하게 생긴 남성들이 오전 일고여덟 시를 기해 삼삼오오 모여들기 시작하면, 찬란한 가부장제를 위한 축제가 시작됩니다. 바로 제사를 올리는 일이죠. 한 시간 남짓 의식이 끝나고 대청에 흩어 앉은 문중 남자들이 간밤에 썰고 빚은 떡과 만두가 뒤섞인 따끈한 국을 들이켜고 나면, 뒷칸 방에 옹기종기 모여 앉은 같은 성씨를 부군으로 둔 부녀자들은 식기와 수저를 물기 없이 닦아내기에 여념 없는 풍경이 펼쳐져요. 저는 보자기가 덮인 제수 음식 한 꾸러미를 들고 살얼음 낀 논두렁을 총총 걸어 할아버지 할머니가 계시는 사랑방으로 달려가곤 했죠.

제사, 성묘, 신년 맞이 인사, 이 모든 과업이 오전 중에 이루어집니다. 정오를 즈음해 제수 음식으로 간단하게 점심을 해결하고 나면 큰집의 풍경은 놀랄 만치 빠른 속도로 일상성을 회복해갔죠. 수백 년째 이어 오던 제사따위, 별일 아니라는 듯이.

사랑방엔 작은 석유난로 위에 놓인 주전자 주둥이로 새어나오는 수증기가 방 안을 가득 메우고 있습니다. 물이 다 끓으면 할아버지는 붓을 벼루 위에 놓고 사기로 만들어진 하얀 찻잔 바닥에 뜨거운 물을 부었습니다. 전날 마신 커피 흔적을 없애기 위해서죠. 할아버지는 찻잔을 윙윙 돌려가며 헹구어 냅니다. 할아버지가 가장 애용하던 차는 커피였는데 언제나 커피와 프림, 설탕을 동일한 비율로 섞어 드셨어요. 저는 할아버지 곁에서 프림과 설탕을 섞은 가짜 우유를 함께 마시곤 했죠.

설날. 정초. 구정. 새해. 모든 게 사뭇 달라져버린 지금. 인생의 또 다른 단계에 진입했음을 새삼 느끼며, 그럼에도 불구하고 내 기억 속 영원히 기억될 설날 풍경.

만두

재료
만두 40개 분량

만두피 40장, 돼지고기 다진 것 600g, 숙주 200g, 부추 200g, 묵은지 200g, 두부 200g, 달걀 2개, 소금 2작은술, 생강가루 2작은술, 후추 적당량

1. 소금 1꼬집을 넣고 끓인 물에 숙주를 5분 정도 삶아 건진 뒤 물기를 꼭 짜낸다. 두부는 면포에 넣고 짜서 물기를 제거한다.
2. 묵은지는 흐르는 물에 양념을 씻은 뒤 물기를 없앤다.
3. 돼지고기는 소금 1작은술과 생강가루 2작은술, 후추 적당량을 넣고 노릇하게 볶아 준비한다.
4. 숙주, 부추, 묵은지는 잘게 다져 준비한다. 준비된 재료를 믹싱볼에 넣고 달걀 2개와 소금 1작은술, 후추 적당량을 넣고 잘 섞어준다.
5. 만두피에 소를 적당량 덜어 담아 취향껏 빚는다. 만두피 가장자리에 접착력이 생기도록 물을 덧발라가며 빚으면 좋다.
6. 찜기에 5-8분가량 쪄낸 뒤 식혀서 냉동 보관하면 저장이 가능하다.

만두 전골

재료 | 물 1.5L, 쓰유 2큰술, 소금 약간
만두 5-6개 분량 | 만두 6개, 알배기 배추 1/2단, 청경채 3개, 느타리버섯, 송이버섯, 표고버섯, 노루궁둥이 버섯 각 50g씩

1. 청경채는 밑동을 반으로 가르고 배추는 먹기 좋은 크기로 2-3등분한다.
2. 느타리 버섯은 결대로 찢고 송이와 표고버섯은 편으로 썬다. 노루궁둥이버섯은 밑뿌리만 정리해 손질한다.
3. 냄비에 물을 붓고 쓰유와 소금으로 간을 맞춘 뒤 초벌로 찐 만두와 손질한 채소를 가지런히 담는다.
4. 전골이 한풀 끓어오르면 그릇에 만두와 채소를 먹기 좋게 담아낸다.

땅속의 단맛

겨울철 땅속엔 단맛이 숨어 있습니다. 한기를 피해 땅속으로 양분을 저장하는 뿌리채소가 제철을 맞은 시기이기 때문이죠. 뿌리채소에 가득 담긴 달큼한 맛은 추위에 지친 몸과 마음을 사르르 녹여 주기도 하는데요. 텃밭에서 수확한 푸른 시금치와 제철을 맞은 우엉과 당근을 재료 삼아 단출한 겨울 김밥으로 입맛을 달래 봅니다.

태양이 대지에 머무는 시간이 점점 길어지고 있습니다. 계절이 다시 한번 변화함에 따라 꼬리가 길어진 태양빛의 각도와 겨울이 물러서기 전 곧 소멸될 기세를 한껏 토해 놓은 한기, 피부가 갈라질 듯한 건조함과 조우합니다. 월동을 위해 숨죽인 스산한 풍경 틈으로 작은 속삭임이 들리기 시작하네요. 어쩌면 벌써 마음속엔 봄이 와 있는지도 모르겠어요.

뿌리채소 김밥

재료 | 쌀 1컵, 김밥용 김 2장, 당근 1/2개, 우엉 1뿌리, 시금치 1/2단, 달걀 2개, 소금 2작은술, 설탕 1작은술,
2인분 기준 | 물엿 1큰술, 참기름 1큰술, 식초 1큰술, 간장 2큰술

1. 우엉은 껍질을 벗기고 김밥 크기로 손질한 뒤 찬물에 식초 1큰술을 넣고 담가 아린 맛을 제거한다.
2. 당근은 길게 썰어 기름을 충분히 두른 팬에서 약불로 뭉근하게 익힌다. 이때 소금 1꼬집으로 간을 맞춘다.
3. 우엉을 건져 흐르는 물에 헹군 뒤, 물 반 컵에 간장 2큰술, 설탕 1작은술, 물엿 1큰술을 넣고 졸인다.
4. 시금치는 물에 깨끗이 씻은 뒤 끓는 물에 소금 1꼬집을 넣고 10-20초가량 데쳐 찬물에 서너 번 헹군다.
5. 데친 시금치의 물기를 꼭 짜내고 소금 약간과 참기름 1큰술을 넣어 무친다.
6. 달걀에 소금 1꼬집을 넣고 부드럽게 풀어 지단을 부친다. 한풀 식힌 뒤 속재료와 비슷한 크기로 썰어 준비한다.
7. 갓 지은 밥에 소금 1/2작은술을 넣고 잘 섞은 뒤 한풀 식혀 김 위에 3/4면적으로 편다.
8. 준비된 재료를 김밥 끝으로 차곡차곡 쌓아 김밥을 만다.

오래된 맛의
초상

고추장 양념의 매콤달콤한 떡볶이는 우리에게 너무도 친숙한 먹거리입니다. 마치 스스럼없는 오랜 친구 같다고나 할까요. 그러나 떡볶이의 속사정을 조금만 들여다본다면 얘기가 달라질지도 모르겠어요.

떡볶이는 수라상에 오르던 궁중 별식이었다고 전해 옵니다. 오방색이 들어간 채소를 참기름에 볶아 소갈비를 재운 간장 양념으로 떡을 졸여낸 것이죠. 그 명칭은 '떡찜', '떡잡채', '떡전골' 등으로 불렸다고 합니다. 이후 본격적으로 떡볶이라는 명칭이 문서에 등장한 것은 방신영 선생의 《조선요리제법-우리나라 음식 만드는 법》을 통해서입니다. 1918년 115면의 초판본을 시작으로 10번의 개정 증보를 거쳐 1947년, 무려 502페이지에 달하는 책이 완성되기에 이르렀습니다. 오래된 요리서의 변화를 통해 맛있는 요리에 대한 근대인의 열망을 어림짐작해봅니다.

해방과 전후의 혼란 틈에서, 떡볶이는 고추장으로 옷을 갈아 입고 밀가루 반죽의 가래떡으로 변신을 거듭하며 대중의 입맛을 사로잡았습니다. 골목

가득 들어선 붉은 간판의 떡볶이 집은 문전성시를 누리며 분식의 역사를 써 내려가기 시작했죠. 고추장 떡볶이가 탄생한 지 반 백 년도 훨씬 넘은 현재, 떡볶이의 대중성은 여전히 유효합니다. 또 하나의 역사가 되어버린 셈이죠. 탄생 비화로 보나 조리법으로 보나 궁중 떡볶이와 고추장 떡볶이의 연결고리는 그리 밀착된 관계는 아닌 듯해요. 그럼에도 불구하고 '떡'을 주재료로 '장'을 베이스로 자작하게 졸여낸 조리법에서 은근슬쩍 공통분모를 끼워 맞춰 봅니다. 우리 음식에 대한 열린 자세와 다양성이 조금은 확장되기를 바라는 마음에서요.

궁중 떡볶이

재료 | 떡 300g, 불고기용 소고기 200g, 표고버섯 3개, 양파 1/2개, 파 7cm, 참기름 1큰술, 통깨 적당량
약 2인분 기준 | 양념 - 간장 5큰술, 설탕 2큰술, 다진 마늘 1큰술, 다진 파 1큰술, 배즙 1큰술(생략 가능), 청주 1큰술, 후추 적당량

1. 준비한 양념장을 잘 섞는다.
2. 불고기용 소고기 200g에 준비된 양념장의 절반을 덜어 10분간 숙성시킨다.
3. 중불로 달군 팬에 기름을 두르고 채 썬 양파를 볶은 다음 양념장에 재운 소고기를 넣고 함께 볶는다.
4. 끓는 물에 떡을 1분 30초가량 삶은 뒤 채반에 건져 팬에 옮겨 담는다.
5. 참기름 1큰술을 두르고 떡과 고기를 볶는다.
6. 나머지 양념과 물 250ml 첨가한 뒤 센 불에서 3-5분 정도 졸인다.
7. 편으로 썬 표고버섯과 어슷썰기한 파를 넣고 1분 정도 더 졸인뒤 참기름 1큰술을 둘르고 잘 섞는다.
8. 완성된 궁중 떡볶기를 오목한 접시에 옮겨 담고 통깨를 뿌려 마무리한다.

원초적
미식

'육회' 하면 왠지 저잣거리 뒤편의 허름한 주점이 오버랩되어 옵니다. 어스름이 내려앉은 밤, 서서히 밝아오는 나트륨 등 아래, 알싸한 주류와 함께 붉은 날것의 고기를 투박하게 즐기며 속세의 번뇌와 결말이 뻔한 무용담을 주거니 받거니 하는 사람들. 쫄깃하게 응축된 살점을 씹으며 마치 맹호에 빙의라도 된 듯 삶을 포효하는 거리의 군상.

화식火食에 익숙한 인류는 날것에 대한 근본적인 두려움이 마음 한편에 자리하고 있을지도요. 과거 한때, 말을 타고 초원을 누비며 세계를 정복한 몽골인들은 논외로 치고 말입니다. 그들이 남긴 문화적 자취는 여전히 유효합니다. 육회가 바로 그에 해당하죠.

고려시대 약 40여 년간 이어진 몽골의 종속국 시절, 몽골인들이 전파한 요리가 육회라는 학설이 있습니다. 이후 몽골이 물러가고, 왕조가 바뀐 뒤에도 육회를 먹는 식문화는 지속되었죠. 동양 삼국 중 유일하게 육회를 즐겨 온 우리나라는 유교를 근본 이념으로 삼았던 조선시대에도 '회는 가늘게 썬 것을 싫어하지 않는다'라는 논어의 구절을 방패막 삼아 거리낌 없이 육회를 먹어왔다고 하네요.

이렇게만 이야기를 풀어나가면 육회가 퍽 한국적인 식문화로 다가오지 않나요? 몽골인의 용맹과 기상은 동쪽 뿐만이 아닌 서쪽으로도 뻗치고 있었으니, 13세기 유라시아를 점령한 몽골의 타르타르 족tartar people이 프랑스에 남긴 흔적이 있습니다. 스테이크 타르타르Steak tartar라 불리는 서양식 육회는 생 소고기를 얇게 썰어 양파, 케이퍼, 머스터드, 홀스 래디시, 달걀 노른자 등을 곁들이는 프랑스의 대표 요리로 자리매김하게 되었죠. 생고기에 대한 위생 문제가 끊임없이 지적되고 있으나 미식을 사랑하는 프랑스인들은 아랑곳하지 않습니다. 스테이크 타르타르는 프렌치 레스토랑의 터줏대감 같은 요리이며 프렌치프라이와 곁들이는 게 일반적이죠.

그러고 보니, 한때 세계를 호령하며 역사를 뒤흔든 몽골인의 식문화가 극동과 극서에 절묘하게 내려앉았네요. 누가 뭐라 하든 우린 미식을 즐기겠다는 일념으로요. 맛있는 음식을 사랑하는 마음은 동서고금을 막론하고 평등한가 봅니다. 이번엔 한국적인 육회를 소개하지만 기회가 닿는다면 프랑스식 육회인 스테이크 타르타르도 선보이고 싶네요. 언젠가는!

육회 비빔밥

재료
1인분 기준

쌀밥 1공기, 육회 50g(뒷장 참조), 새싹채소와 어린잎채소 각 20g씩, 무순 20g, 채 썬 배 1/4개, 참기름 적당량
양념장 - 고추장 1큰술, 식초 1큰술, 다진 마늘 1작은술, 매실액 1작은술, 통깨 1작은술, 설탕 1/2작은술

1. 오목한 공기에 갓 지은 밥을 담고 채소와 채 썬 배 그리고 육회를 밥 위로 하나씩 토핑해준다.
2. 초장을 넣고 내용물을 잘 섞은 뒤 참기름을 취향껏 곁들인다.

육회

재료	꾸리살 300g, 배 1/2개, 달걀 노른자 1개, 잣 한 줌, 쪽파 약간, 마늘 4쪽
2인분 기준	간장 1/2큰술, 참기름 1/2큰술, 설탕 1/2큰술, 마늘 1/2작은술, 소금과 후추 약간씩

1. 육회용 소고기는 기름기가 적은 앞다리 부위의 꾸리살이 좋다.
2. 칼질하기 수월하도록 고기를 살짝 얼린 뒤 얇게 저미거나 채썰기한다.
3. 양념장을 한데 섞은 뒤 손질한 육회와 버무린다.
4. 접시에 육회를 얇게 펴 바르듯 플레이팅하고 편 마늘과 다진 쪽파, 잣을 토핑한다.
5. 접시 한편에 채 썬 배를 곁들이고 달걀 노른자를 육회 가운데 얹어 완성한다.

일상의
작은
사치

언제나 사람들이 모이고 끊임없이 이야기가 오고 가며 음악과 백색소음이 흐르던 도시의 공간 한가운데엔 늘 맛있는 음식이 놓여 있었습니다. 어떤 셰프는 이탈리아 작은 시골 마을에서 맛본 소박한 피자의 맛을 잊을 수 없다 했고, 유럽으로 와이너리 여행을 다녀온 소믈리에는 스위스 알프스 산자락에서 마주친 까마귀 부리의 샛노란 천연색을 이야기했죠. 한 커피 애호가는 혀끝에 소금을 찍은 후에 들이켠 에스프레소가 알싸하게 미각을 자극하던 순간을 평생 잊을 수 없다 말했습니다. 식문화에 대한 지식이 전무하다시피 했던 저에게 다양한 향신료와 향긋한 허브, 이탈리아어와 프랑스 말이 태반인 생소한 조리 용어를 자연스럽게 가르쳐주던 것도 바로 이 살롱의 뒷 무대였습니다.

내가 만든 음식을 누군가에게 건네는 건 말처럼 쉬운 일은 아닐 테죠. 일련의 조리 과정을 거쳐 정성스럽게 담아낸 한 그릇이란, 요리를 만든 사람의 분신과도 같으니까요. 마치 하나의 예술 작품처럼요. 단, 예술 작품은 시간이 흐를수록 마스터피스로써 각인되지만 접시에 담긴 요리는 너무도 순간적인 찰나의 공감각만을 남긴 채 홀연히 사라져 갑니다. 식탁 너머의 순간은 누군가의 삶을 막론하고 그 일상 가운데 자연스럽게 녹아 있기 때문일 것입니다. 이렇게 말하고 나니, 요리를 한다는 것이 대단한 행위 같군요! 틀린 말도 아니죠. 일상을 지속하는 소중한 원천이자 일상 속 예술을 빚어 나가는 것과 다름없으니까요.

도시 생활을 지속하기 위해 카페와 레스토랑을 전전하며 파트타임 잡을 꾸려가던 젊은 날의 자화상을 돌이키며 마지막 장을 선보입니다.

봄을
닮은
한 끼

일 년 중, 가장 애매한 시기를 들라면 겨울과 봄의 경계에 멈춘 어떤 날을 꼽습니다. 어디선가 봄이 왔다는 소식에 부피가 큰 겨울 옷을 서둘러 정리하고 나면 여지없이 불어닥치는 꽃샘추위와, 옥상정원에 씨앗이라도 파종할라치면 수줍게 고개를 내밀었던 꽃망울이 밤새 냉해를 입어 갈변한 모습에 낙담을 하게 되지요. 사람들에게 의례히 건네는 봄 인사에 '아직은 겨울이네요'라는 대답이 돌아오면 마음 한구석은 한없이 무거워 옵니다. 때이른 봄나물이 시장 가판대에서 간간이 눈에 띄긴 하지만, 그렇다고 식욕을 자극하는 것은 아닙니다.

이토록 희미한 계절의 경계에선, 풀어지는 마음을 다잡고 그저 기다리는 수밖에요. 술에서 깨어난 무거운 몸처럼 피로감에 젖은 날 속에서 눈앞에서라도 형형색색의 봄을 만들어내야겠다는 생각에 미치고 말았습니다.

자투리 채소를 알록달록 볶아 갓 지은 고슬고슬한 밥을 섞은 뒤 붉은 케첩을 듬뿍 뿌려줍니다. 그리고선 개나리 노란 봄을 기다리는 마음으로 달걀을 소복하게 얹고 한 접시를 완성하죠. 아, 푸릇한 파슬리 가루도 살짝 곁들여야 봄을 기다리는 마음에 어설프게나마 와닿으려나요. 봄을 닮은 한 접시를 비우며 서두르지 않기로 합니다. 그토록 애타는 마음에 기다리던 봄은 어느새 곁에 와 있을 테니까요.

스크램블드 에그 오므라이스

재료 | 쌀 1컵, 양파 1/2개, 애호박과 당근 1/3개씩, 표고버섯 3개, 달걀 3개, 굴소스 1큰술, 피시소스 1/2작은술,
2인분 기준 | 소금과 후추 적당량, 크러시드 페퍼와 파슬리 가루 약간씩, 케첩 적당량

1. 채소는 엇비슷한 크기로 잘게 다진다.
2. 중불로 팬을 달군 뒤 기름을 두르고 당근-양파-애호박-표고버섯 순으로 볶는다. 이때 소금과 후추로 밑간을 한다.
3. 밥을 추가하고 양념을 골고루 뿌려가며 잘 섞어준다.
4. 믹싱볼에 달걀을 담은 뒤 소금 한두 꼬집을 넣고 부드럽게 휘젓는다. 약불로 달군 팬에 기름을 넉넉히 두르고 천천히 뒤적이면서 스크램블드 에그를 완성한다.
5. 접시에 밥을 담고 케첩을 뿌린 뒤 스크램블드 에그를 케첩 위로 소복하게 덮는다.
6. 파슬리 토핑으로 완성.

일상의
작은 사치

마트에 갈 때마다 들었다 놓았다 하는 식재료가 몇 있습니다. 저에겐 생선 코너에 가지런히 놓인 연어 반쪽이 그에 해당하죠. 단출한 식구가 소화하기 힘든 양이기도 하며, 부위에 따른 조리법 또한 알쏭달쏭한 까닭에서요. 그럼에도 불구하고 선홍색으로 빛나는 기름진 연어의 맛은 이따금씩 혀끝에 맴돌며 짜릿한 맛의 감각을 불러일으키곤 합니다. 그러다 곳간이 넉넉해진 어느 날, 선뜻 손질된 연어 반 마리를 집어 들고 말았습니다. 일상의 작은 사치를 누리기 위해서 말이죠.

막상 집어 들기까지가 힘들었지, 도마 위에 놓인 선홍빛 연어를 마주하고 있자니 흐뭇한 미소가 새어 나옵니다. 연어를 통으로 손질할 땐 꼬릿살, 뱃살과 등살 정도로 구분합니다. 비교적 지방질이 풍부한 뱃살은 신선한 횟감으로, 배 위로 붙은 등살은 스테이크용으로, 꼬릿살과 나머지는 다용도로 분리해서 사용하면 좋아요.

사케동은 일본식 연어회 덮밥이에요. 조리한 채소와 고기, 생선회 따위를 밥 위에 얹어 먹는 '돈부리'의 한 종류인 셈이죠. 신선한 연어만 준비되어 있다면 칼질만으로도 간단하고 화려한 한 끼 식사를 완성할 수 있는 게 바로 사케동의 매력이랍니다. 횟감을 단 한 번도 손질한 경험이 없다고 해서 망설일 필요는 전혀 없어요. 연어를 사랑하는 만큼, 이미 눈과 입이 익숙해져버린 연어 회의 단면을 손끝이 기억하고 있을지도 모르니까요.

사케동

재료	쌀 1컵, 다시마 2조각, 식용유 1작은술, 연어 뱃살 400g, 적양파 1/4개, 무순 100g, 쓰유 2큰술, 설탕 1작은술,
<u>2그릇</u>	소금 1꼬집, 와사비 약간

1. 불린 쌀 1컵을 깨끗이 씻어 물 250ml를 넣고 다시마 2조각을 띄워 밥을 짓는다.
2. 연어의 뱃살 부위를 두툼하게 칼질한다. 칼을 비스듬하게 눕혀 지방 부위가 넓게 퍼지도록 썰면 좋다.
3. 잘 지어진 밥을 믹싱볼에 옮겨 담고 쓰유 1큰술과 설탕 1작은술, 소금 1꼬집을 넣고 잘 섞는다.
4. 양파는 속이 비치도록 얇게 통으로 슬라이스한다.
5. 조미된 밥을 그릇에 옮겨 담고 양파를 토핑한 뒤 연어회 적당량을 둘러가며 쌓는다.
6. 쓰유 1큰술에 설탕 1작은술, 청주 1작은술, 레몬즙 약간을 섞어 연어 표면에 덧발라 준다.
7. 무순과 와사비 토핑으로 마무리한다.
8. 생강 초절임, 우메보시 등의 찬을 곁들이면 좋다.

일상의 작은 사치

이탈리아
장인에게서
배운 요리

도심 번화가의 레스토랑을 전전하며 파트타임으로 돈벌이를 할 무렵이었습니다. 주방 한편에서 셰프의 숙련된 손끝에서 완성된 작품들을 목격한 것이 불과 몇 년 전 일이에요. 데미글라스 소스라도 끓이는 날이면 으레 요리사들의 분주한 소음과 갖은 식재료가 뒤섞인 채 풍겨오는 향기가 골목 끝까지 퍼져 나가곤 했습니다. 레스토랑의 비기秘技라고도 할 수 있는 맛의 근원에 단 한 톨의 관심도 두지 않았던 당시의 저는 손님이 뜸한 늦은 오후, 환하게 볕이 내려쬐는 통창 테라스에 앉아 유유자적하게 커피나 즐기곤 했죠. 요리라는 건 그저 다른 세계의 일에 불과했으니까요.

2006년 〈TIMES〉지가 선정한 올해의 인물은 바로 'YOU'였습니다. 한 해 동안 세계에 가장 많은 영향력을 행사한 인물에게 수여하는 타이틀로, 1927년부터 시작된 이래 개인이 아닌 불특정 다수를 지목한 일은 처음 있는 일이었죠. 인터넷과 웹 2.0의 세계에서 정보를 만들어가고 공유하는 동시대 인물 모두에게 보내는 인류애 가득한 찬사였다고나 할까요.

제가 인터넷의 영향을 톡톡히 누린 영역은 바로 요리였습니다. 수많은 정보 사이에서 틈틈이 웹 서핑을 하며 나에게 최적화된 사항을 추려낸 결과, 일련의 원칙을 기준으로 치밀한 계량과 특화된 조리법을 고수하지 않더라도 기호에 따른 재료를 가감해가며 얼마든지 취향껏 요리를 즐길 수 있게 된 것이죠. 레스토랑에서 어깨 너머로 각인된 풍경은 역으로 도움이 되었습니다. 그야말로 몸이 기억하는 감각으로 말이에요.

도처에 널린 개방된 정보를 통해 원하는 음식을 언제든 만들 수 있는 여지는 여전히 충분합니다. 내가 일상적으로 먹고자 하는 음식은 시행착오를 통해 자연스럽게 식탁에 오르죠. 운이 좋은 날이면 실패 없이 한 번에 완성되기도 해요!

뇨끼는 주방 풍경이 펼쳐진 앵글 한구석에 화덕을 갖추고 있던 이탈리아의 장인으로부터 팁을 얻게 된 것입니다. 페스토 소스는 봄이 제철인 신선하고도 싼 값에 나온 부추를 활용했고요.

영화 〈라따뚜이〉의 냉혈한 음식 평론가였던 안톤 이고가 보잘것없는 라따뚜이 한 입을 베어 물고는 자신의 삶의 태도를 성찰하던 문장이 문득 떠오르네요. '모두가 위대한 예술가가 되는 것은 아니지만, 위대한 예술가는 어디서든 나올 수 있다.'

감자 뇨끼

재료
2인분 기준

뇨끼 빚기 - 감자 300g, 중력분 150g, 달걀 노른자 1개, 소금 1작은술
소스 - 양파 1/2개, 애호박 1/3개, 새우 10마리, 생크림 250ml, 소금과 후추 적당량
부추 페스토 - 부추 50g, 올리브유 30ml, 다진 마늘 10g, 파마산 치즈 10g, 잣 5g, 소금과 후추 약간씩

1. 감자를 푹 익힌 다음 껍질을 제거한 뒤 포테이토 라이서 등을 활용해 곱게 으깬다.
2. 으깬 감자를 한풀 식혀 중력분과 달걀 노른자, 소금을 넣고 찰기가 생길 정도(2분 미만)로 반죽한다.
3. 작업대에 덧밀가루를 뿌리고 반죽을 약 3-4cm 지름으로 엿가락처럼 길게 늘려 2-3cm

크기로 잘라준다.
4. 정해진 뇨끼 모양은 없다. 잘라낸 뇨끼를 그대로 사용해도 무방하며 포크를 활용해 빗살 무늬를 내거나 수제비처럼 넓적한 모양을 빚어도 좋다. 단, 반죽에 여러 번 손대는 것은 좋지 않다.
5. 끓는 물에 소금 1작은술을 넣고 뇨끼를 데친다. 바닥에 가라앉았던 뇨끼가 표면 위로 떠오르면 채반에 건진다.
6. 부추를 잘게 다진 뒤 나머지 재료와 혼합해 푸드 프로세서로 간다. 종지에 다진 재료를 덜어내 올리브유와 잘 섞는다. 이때 소금과 후추로 간을 맞춘다.
7. 채 썬 양파, 반달 썰기한 애호박, 새우를 기름에 볶은 뒤, 생크림과 부추 페스토를 추가해 한풀 끓인다.
8. 준비한 뇨끼를 넣고 소스와 부드럽게 섞어가면서 중불에서 2-3분간 익힌다. 소금과 후추로 간을 맞추고 접시에 담아낸다. 크러시드 페퍼를 곁들여 매콤한 향을 추가해도 좋다.

비타민
한 접시

요리를 무대 위로 올려 연극을 한번 상연해봅시다. 당신은 지금 무대를 총지휘하는 중대한 임무를 띠고 있어요. 아뮤즈 부쉬와 상큼한 샐러드, 따듯한 수프, 입맛을 살짝 환기시키는 차가운 셔벗, 드디어 등장한 묵직한 메인 요리, 마지막으로 달콤한 디저트와 향긋한 차까지. 무대를 가득 채울 출연진 가운데 감독인 당신은 어느 지점에서 절정을 향해 치달을 것인가요? 잘 짜여진 연극에서 클라이막스란, 단 한순간 존재할 텐데 말입니다.

제가 한번 무대를 꾸며 보겠습니다. 도입부에는 입맛을 돋우는 아뮤즈 부쉬 또는 샐러드를 놓겠죠. 그리고 따끈한 수프로 속을 살며시 데우고요. 클라이막스에 도달하기 직전, 관객의 시선을 한숨 돌리기 위해 새콤한 셔벗으로 주위를 환기시키겠어요. 드디어 등장한 메인 요리에선 마치 오케스트라가 튜티를 연주하듯 맛의 향연을 펼치겠죠. 마지막으로는 달콤한 디저트와 향긋한 차로 숨가쁘게 달려온 코스를 차근차근 음미해봅니다. 전형적인 스타일의 코스 요리입니다. 때에 따라 아뮤즈 부쉬와 메인 직전의 셔벗은 생략하기도 해요.

코스 요리에서 샐러드는 식탁의 주인공이라기보다는 주요리를 빛나게 하는 조연의 역할을 담당하고 있죠. 마치 연극이 시작될 때 최초로 무대 위에 등장하는 조연처럼 전체적인 분위기를 조성하지만 결국 마지막엔 메인 디시가 혀끝에 각인되는 것처럼요. 저 같은 샐러드 예찬론자에겐 어딘가 서글픈 모양새입니다. 샐러드 또한 훌륭한 메인 요리가 될 수 있는데 말이죠. 이를테면 전통과 형식을 파괴한 전위적인 부조리극처럼요.

자, 다시 한번 무대를 꾸며 봅시다. 코스에 순서는 없어요. 차를 한 잔 마시고 시작할 수도 있고, 메인 요리는 제외시켜 버릴지도 몰라요. 수고롭게 시트러스의 속껍질을 제거하는 과정 자체가 코스 요리의 요소가 된다면요? 샐러드 한 접시를 비우고 살며시 배가 불러온다면, 코스를 진행하기 전에 갑자기 끝내버리는 것도 좋겠네요. 이 모든 것이 의도치 않게 접시를 가득 채운, 상큼한 시트러스 샐러드를 위한 공상이었다면요.

시트러스 샐러드

재료	오렌지 1개, 자몽 1개, 새싹채소 50g, 래디시 3뿌리
2인분 기준	드레싱 - 올리브유 1큰술, 오렌지즙 1/2큰술, 소금과 후추 약간씩

1. 오렌지, 자몽, 스위티는 겉껍질과 속껍질을 벗겨 과육만 발라낸다.
2. 세 가지 시트러스를 겹쳐 패턴이 나타나도록 플레이팅한다.
3. 새싹채소를 시트러스 가운데 쌓고 얇게 썬 래디시를 토핑한다.
4. 과육을 벗기고 남은 오렌지 속을 쥐어짜 즙을 낸 뒤 올리브유와 소금, 후추를 적당량 섞어 간단한 드레싱을 만든다.
5. 접시 위로 드레싱을 뿌려 완성한다.

일상의 작은 사치

북아프리카의
정취

저는 여행 다큐를 즐겨보는 편입니다. 이국적인 낯선 풍경을 동경하기도 하지만, 그것보단 누군가의 평범한 일상을 들여다보는 일에 부쩍 흥미를 느낀다고나 할까요. 그날은 잉그리트 버그만, 험프리 보가트의 아련한 도시 카사블랑카와 알베르 카뮈의 정서가 깃든 모로코를 아우르는 북아프리카 일대를 여행한 날이었어요. 물론 텔레비전으로요.

야릇한 감흥을 일으키는 아랍 음악 사이로 다양한 인종이 아무렇지도 않게 어우러진 도시의 번화가와, 새하얗고 붉은 벽돌집이 해안가에 늘어선 교외의 모습. 카뮈의 노트를 빼곡이 채운 지중해의 정취. 야생의 들풀과 꽃으로 가득한 폐허 속에서 흐드러지게 생을 만끽 중인 건강한 기쁨으로 넘쳐나는 그런 곳. 왠지 신화적인 상상력과 태초의 아름다움이 사방에 쏟아져내리는 태양빛처럼 넘쳐흐르는 듯합니다.

극적으로 전환된 카메라 앵글은 여느 가정집을 비춥니다. 화려하며 다채로운 패턴의 타일과 양탄자가 다시 한번 낯선 세계에 대한 호기심을 자극해오죠. 이윽고, 익숙한 손놀림으로 아무렇지도 않게 즐겨 먹는 요리를 완성한 이방인은 다른 이방인에게 선뜻 식사를 내어줍니다. 요리는 마치 끓어 오르는 붉은 용광로 속에서 말갛게 떠오른 노란 태양을 머금은 것만 같습니다. 지옥 속의 달걀, 즉 '에그 인 헬'이라고도 불리는 모로칸 전통식 '샥슈카shakshuka'를 두고 하는 얘기죠. 샥슈카라는 말은 '혼합, 다함께 뒤섞다'라는 뜻의 아랍어입니다. 튀니지에서 유래한 것으로 알려졌으며, 북아프리카와 중동에서는 일상적으로 즐기는 요리라고 하네요.

호기심과 기대감으로 얼핏 흉내 내본 샥슈카에서 지중해와 맞닿은 태양빛이 밀려올까요? 까뮈가 찬미해 마지않았던 거대한 아프리카 대륙의 벌거벗은 역사가 말 그대로 혼합되어 있으려나요?

샥슈카

재료	달걀 4개, 아라비아타 소스 300g, 파프리카 1개, 양파 1/2개, 가지 1/3개, 햄 100g, 다진 마늘 1/2큰술,
2인분 기준	커민과 강황가루 1/2작은술씩(생략 가능), 올리브유 적당량, 소금과 후추 약간씩, 바질과 파슬리 잎 2-3줄기,
	곁들일 식사 빵

1. 파프리카, 양파, 가지, 햄은 잘게 다지고 방울토마토는 1/4조각으로 손질한다.
2. 달군 팬에 올리브유를 넉넉히 두르고 다진 마늘을 볶는다.
3. 1의 재료를 팬으로 옮겨와 함께 볶는다. 소금과 후추로 밑간을 한다.
4. 아라비아타 소스를 붓고 내용물과 섞으며 뭉근히 졸인 뒤 커민, 강황, 고수, 파슬리 등의 향신료를 첨가한다.
5. 소스가 되직해지면 올리브유를 한 바퀴 두르고 달걀 3-4개를 깨뜨려 넣는다.
6. 달걀이 반숙으로 익으면 노른자 위로 소금과 후추로 양념을 하고 허브 잎을 토핑해 마무리한다.
7. 개인 접시에 옮겨 담고 캉파뉴, 바게트 등의 식빵과 함께 곁들인다.

식기 전에
맛보는
고소함

인생에 타이밍이 있듯이 식사에도 어떤 순간이 존재합니다. 이를테면, 국은 끓일수록 깊은 맛이 우러나며 갓 지은 밥이 가장 맛있습니다. 오븐에서 뜨겁게 구워 나온 빵은 한풀 식혀야 제대로 된 맛을 느낄 수 있으며 커피는 로스팅 후 2-3일 숙성을 거쳐야 본연의 아로마를 풍겨오죠.

그렇다면 한 접시의 파스타는 어떨까요. 토마토 베이스의 아라비아타와 라구 소스를 곁들인 파스타는 느긋하게 즐겨도 좋아요. 시간이 지날수록 소스의 풍미가 면에 흡수되면서 감칠맛과 함께 씹는 재미를 선사하니까요. 오일을 베이스로 한 파스타도 시간이 흘러도 괜찮아요. 해산물과 스톡이 진득하게 우러난 부드러운 식감으로 입맛을 돋워주니 말이에요.

그런데 크림을 듬뿍 넣은 파스타라면 얘기가 달라집니다. 거기에 달걀 노른자까지 첨가되면 한 접시가 채 식기 전에 비워야 제대로 된 맛을 느낄 수 있죠. 바로 까르보나라를 두고서 하는 말입니다. 입안을 부드럽게 감싸는 크림의 풍부한 맛과 달걀 노른자의 고소함은 속을 울렁이게 하는 기름 덩어리가 아니라 기분 좋은 느끼함을 선사하는 요소죠. 물론 뜨겁게 한 그릇을 비웠을 때의 얘기입니다. 자칫 파스타가 식어버리면 굳어버린 고체 덩어리의 크림이 퉁퉁 불어버린 파스타 면과 뒤섞여 퍽 유쾌하지 않은 장면을 연출하게 되니까요. 크림 파스타는 기왕이면 배가 살며시 고파올 때, 뜨거운 접시를 호호 불어가며 양껏 즐기길 바라는 마음이에요. 일반적인 까르보나라와는 달리, 시금치를 곁들인 건 행여나 밀려올 느끼함에 대한 두려움을 아마도 중화시키고자 했던가 봅니다.

시금치 까르보나라

재료 | 스파게티 면 180g, 시금치 50g, 베이컨 3줄, 양파 1/2개, 다진 마늘 1/2큰술, 버터 1큰술, 올리브유 적당량,
2인분 기준 | 생크림 200ml, 우유 50ml, 달걀 노른자 1개, 소금과 후추 약간씩

1. 양파와 시금치는 다지고, 마늘은 편으로 썬다. 베이컨도 1cm 정도로 얇게 썰어 준비한다.
2. 약불로 달군 팬에 버터를 녹이고 양파와 마늘을 볶는다. 소금과 후추로 밑간을 한 뒤 올리브유 적당량을 부어가며 농도를 조절한다.
3. 양파가 반투명하게 익기 시작하면 베이컨을 넣고 센 불에서 볶는다. 마지막으로 시금치를 첨가한다.
4. 생크림과 우유를 붓고 내용물과 잘 섞은 뒤 센 불에서 한풀 끓인다.
5. 알맞게 익은 스파게티 면을 소스팬에 옮겨 담고 면과 소스를 잘 혼합한 뒤 마지막에 달걀 노른자를 넣고 재빨리 섞어준다.
6. 오목한 그릇에 면을 옮겨 담고 둘레로 크림 소스를 충분히 담아내면 완성.

일상의 작은 사치

혼밥이 아닌
혼밥混밥

신조어의 전성시대입니다. 광대역으로 진화하는 와이파이 기술처럼 시류 또한 변화를 거듭해갑니다. 하루가 멀다 하고 옷을 갈아입는 새로운 이슈에 여론이 들끓어 오르다가도 얼마 지나지 않아 아무 일 없었다는 듯 모두들 각자의 일상으로 되돌아가길 반복하죠. 그 틈에서 파생된 문화는 개인주의와 서브컬처를 아우르고 있습니다. 신조어의 파생 또한 과거 언론과 학계 등 여론 주도층에 의해 만들어진 것과 대조적으로 지금은 그야말로 누구나 신조어를 만들 수 있는 시대가 된 것이죠.

이와 같은 맥락에서 지금의 식문화를 단적으로 표현하는 신조어가 생겨났습니다. 혼자 먹는 밥 또는 그런 행위를 가리키는 단어인 '혼밥'입니다. 파생어로 혼자 술을 먹는 행위인 '혼술' 그리고 더 나아가 혼자 밥을 먹고 술을 마시는 것을 일컫는 '혼술혼밥' 등 세태를 직관적으로 표현한 신조어는 자연스럽게 일상용어로 자리매김하게 되었죠. 홀로 밥을 해결해야 하는 상황이 닥치면 '혼밥을 한다'라는 말 자체로써 어쩌면 외로울지도 모를 식사 자리에 대한 위안을 얻는 것 같아요. '누구나 홀로 밥을 먹을 수 있다'라는 대전제를 함의하고 있다는 점에서요.

그런데 제가 할 얘기는 '혼밥'이 아니라 '혼밥混밥' 입니다. 혼자 먹는 것이 아니라 누군가와 뒤섞여야만 먹을 수 있는 요리를 두고서 하는 말이에요. 바로 갖은 재료가 뒤섞여 하나로 이루어진 월남쌈을 일컫는 것이죠.

때는 바야흐로 청춘의 주린 배를 움켜쥐고서 개똥철학을 읊던 시절이었습니다. 당시엔 '혼밥'이라는 신조어도 없었기에 행위 자체에 대한 위로를 상정할 겨를도 없이 홀로 눈칫밥을 비워내기 급급했죠. 행여나 누군가의 눈초리가 외로운 영혼을 동정하는 시선으로 여겨질까 두려워서요. 나의 소중한 한 끼 식사가 그저 칼로리를 섭취하기 위한 행위로 전락하는 순간이었습니다.

그때 무심코 저의 손을 잡아 주었던 사람은 어려서부터 요리와 미식을 즐겨 온 오랜 친구였습니다. 굳이 장을 봐온 뒤, 손수 재료를 다듬으며 정성껏 식탁 위에 접시를 놓고서 물이 차갑게 식지 않도록 온수를 추가해가며… 라이스 페이퍼를 미온수에 담가 접시에 투명하게 펼치고서 정성스럽게 손질한 재료를 하나둘씩 쌓고 다시 손으로 말아 소스에 찍어 먹어야 하는, 꽤나 번거로운 식사였음에도 불구하고 혼밥의 세계에서 혼밥混밥의 세계로 이끌어 준 당시의 월남쌈을 잊지 못합니다. 월남쌈을 위해 손끝에 감각을 집중하다 보면, 나도 모르게 시시콜콜한 잡담이 새어 나와요. 홀로 먹는 밥도 좋고 함께 뒤섞여 먹는 밥도 좋습니다. 그러나 저는 굳이 선택하라면 함께하는 혼밥混밥 쪽으로 갈래요. 뭐 별거 있겠어요. 더불어 부대끼며 사는 맛이죠.

월남쌈

재료	라이스페이퍼 적당량, 자색 양배추 1/8개, 파인애플 1/2통, 노란색과 빨간색 파프리카 1/2개씩, 오이와 당근 1/2개씩,
2인분 기준	5-6cm 크기의 새우 20마리, 훈제 닭가슴살 1장
	피넛버터 소스 - 피넛버터 2큰술, 마요네즈 1큰술, 꿀 1큰술, 디종 머스터드 1작은술, 레몬즙 1작은술

1. 새우는 뜨거운 물에 살짝 데치고 닭가슴살은 4-5cm 길이로 얇게 채 썬다.
2. 자색 양배추, 파프리카, 오이, 당근, 양파, 파인애플은 4-5cm 길이의 엇비슷한 크기로 채 썰어 준비한다.
3. 넓은 접시에 손질한 재료를 가지런히 담는다.
4. 라이스페이퍼 크기만 한 볼에 뜨거운 물을 2/3가량 채워 준비한다.
5. 식탁 가운데 준비된 월남쌈 재료와 온수가 담긴 볼, 종지에 담은 소스를 올린다.
6. 라이스페이퍼보다 넓은 접시를 개인용으로 준비한다.
7. 온수에 라이스페이퍼를 천천히 담가 적신 뒤 접시에 올린다.
8. 속재료를 라이스페이퍼 가장자리로 적당량 쌓은 뒤 양끝을 감싸고 김밥을 싸듯 돌돌 말아준다.
9. 완성된 롤에 피넛버터 소스를 취향껏 곁들인다.

일상의 작은 사치

플레이팅의 기술

'요리의 완성은 플레이팅'이라는 말이 있습니다. 정성 들여 만든 요리를 그릇 위로 옮겨 담아내는 동시에 어떤 직관에 의해 생명력을 불어넣는 것이죠. 미슐랭 스타를 받을 것도 아니고, 먹어 치우면 그만인 한 접시에 웬 호들갑이냐고요? 일상의 작은 사치라고 해둘게요.

카르파초carpaccio는 어린 송아지 고기를 얇게 저며 크림소스를 곁들여 먹는 전채요리입니다. 1950년 이탈리아 베니스에 자리 잡은 해리스 바Harry's Bar의 주세페 시프리아니Giuseppe Cipriani의 손끝에서 탄생한 요리죠. 단골손님이었던 한 백작 부인의 건강을 고려해, 익힌 고기 대신 육회를 얇게 썰어낸 것이 시초가 되었다고 합니다. '카르파초'라는 이름은 붉은 육회와 흰 크림소스의 극적인 대비가 르네상스의 화가 카르파초Vittore Carpaccio의 그림을 연상시켰기에 붙여진 것입니다. 해리스 바의 창업주인 주세페는 르네상스 미술 애호가이기도 했죠. 카르파초는 15세기 베니스를 기반으로 활동하며 생동감 넘치는 베네치아의 모습을 화폭에 담았습니다. 특히나 카르파초가

사용한 과감한 붉은색은 그야말로 신선한 육회를 떠올리는 생명력을 지니고 있는 것만 같습니다.

주세페의 직관으로 탄생한 요리, 카르파초는 이탈리아를 대표하는 안티페스토antipesto, 전채요리가 되었습니다. 식재료 본연의 풍미를 살린 한 접시에 다른 시대, 같은 공간을 공유한 르네상스 예술의 거장을 부활시키기도 했고요! 그는 흰 접시를 캔버스로 펼쳐 놓고 신선한 붉은 육회와 마치 유화 물감 같은 크림 소스를 재료로 예술 작품을 창조한 것이죠.

카르파초는 세계인의 사랑을 받는 전채요리인 만큼 카르파초는 전통적인 레시피의 재해석 또한 끊임없이 이루어지고 있습니다. 소고기뿐 아니라 말고기, 사슴고기, 양고기 등을 육회로 사용하거나 참치나 연어, 관자 등의 해산물 또한 다양하게 활용되죠.

때마침 제철을 맞아 동해 바다에서 건져 올린 신선한 문어라면 예술가의 화폭에서 어떤 모습을 하고 있을지 퍽 대담한 호기심이 깃든 어떤 날이었습니다. 해초와 산호가 다채롭게 물든 바닷속의 밀림을 떠올렸던 것이었을까요. 그 사이를 유유히 헤엄치는 문어 한 마리와 함께요.

여담으로, 해리스 바Harry's Bar는 찰리 채플린, 우디 앨런, 헤밍웨이 등의 유명인사들이 자취를 남긴 레스토랑으로 베니스에 여전히 그 자리를 지키고 있다고 하네요. 해리스 바에서 맛보는 카파치오를 상상하며 일상의 작은 사치를 꿈꿔 봅니다.

문어 카르파초

재료	
2인분 기준	문어숙회 150g, 자몽 1/4개, 래디시 3뿌리, 새싹채소와 어린잎채소 섞은 것 30g, 딜 2-3줄기 드레싱 - 올리브유 2큰술, 홀스래디시 1작은술, 디종 머스터드 1작은술, 꿀 1/2작은술, 소금과 후추 적당량, 레몬즙 약간

1. 접시에 얇게 저민 문어 숙회를 놓아준다.
2. 자몽은 속껍질을 제거하고 슬라이스한다.
3. 래디시도 얇게 슬라이스한다.
4. 새싹채소와 어린잎채소 그리고 자몽과 래디시를 문어 사이사이에 곁들인다.
5. 딜 조각을 토핑해준다.
6. 드레싱을 접시 위로 둥글게 서너 번 둘러가며 뿌려주면 완성.

일상의 작은 사치

보통 식재료의 메이크오버

풍요 속 빈곤이라 했던가요. 얼마 전 대형마트에서 카트 한가득 실어 온 식재료는 넘쳐나는데, 무엇을 먹어야 할지 딱히 감이 오지 않는 경우도 해당이 될런지요.

시기상으로 무엇을 먹어야 좋을지 애매한 시기가 종종 있습니다. 제철 식재료 위주로 잔반을 남기지 않고 간소하게 먹는 것을 이상으로 삼고 있습니다만 화려한 먹거리가 넘쳐나는 도시에서 그게 말처럼 쉽지는 않으니 말이에요. 그렇게 무엇을 먹을지, 한참의 고민 끝에 눈에 들어온 식재료는 결국 냉장고 한편을 채우고 있는 달걀이었어요.

프리타타는 달걀이 주를 이루는 소박한 음식이지만 달걀 속에 뒤섞인 다양한 재료의 맛이 묘미를 살려줘요. 연한 시금치와도 잘 어울리고요. 달걀 속에 녹아든 치즈와 이따금씩 씹히는 태양의 농축된 맛을 지닌 선드라이드 토마토, 고소한 베이컨 등이 부드러운 달걀의 식감과 어우러져 환상적인 궁합을 이루죠.

일상의 미묘함이라는 것도 이런 것일까요. 냉장고에 언제나 자리하고 있는 달걀과도 같이 일상의 항상성을 유지하는 가운데 치즈, 베이컨, 시금치 등과 같은 이벤트가 어우러지는.

이따금씩 선드라이드 토마토처럼 짜릿함이 깃들기도 하며, 그것이 한데 섞인 채 조화를 이룰 땐 뜻밖의 시너지와 묘미를 선사하기도 합니다. 그저 그런 일상을 지속하고 있지만 서두르지 않기로 합니다.

프리타타

재료 | 달걀 5개, 생크림 50ml, 올리브유 1큰술, 베이컨 3장, 시금치 50g, 양파 1/2개, 선드라이드 토마토 8개,
25x15x7cm 모차렐라 치즈 30g, 그라나 파다노 치즈 20g, 플레이팅용 방울토마토 2개, 소금과 후추 약간씩
오븐용기 기준

1. 달군 팬에 기름을 두르고 다진 양파를 볶는다.
2. 시금치는 다지고 베이컨은 0.5cm 크기로 썰어 양파와 함께 볶는다. 이때 소금과 후추로 밑간을 한다.
3. 달걀에 생크림, 올리브유 소금, 후추를 넣고 휘핑기로 부드럽게 젓는다.
4. 오븐용기에 2의 내용물을 옮겨 담은 뒤 3의 달걀물을 부어준다.
5. 선드라이드 토마토와 모차렐라 치즈, 그라나 파다노 치즈는 먹기 좋은 크기로 조각낸 뒤 달걀물 사이에 골고루 놓아준다.
6. 180도 예열한 오븐에서 20분 가량 굽는다. (오븐용기를 사용하지 않을 경우, 팬에 재료를 담아 뚜껑을 덮고 중약불로 15-20분가량 익히면 된다.)
7. 오븐용기에서 프리타타를 분리해 먹기 좋은 크기로 썰어 접시에 담아낸다.
8. 완성된 접시에 그라나 파다노 치즈를 듬뿍 갈아 토핑하고 허브 조각, 방울토마토 등을 곁들여 플레이팅을 마무리한다.

일상의 작은 사치

인디안
커리

낯선 타국에서 이국적인 정취를 몰고 온 여행자에게서 현지의 생동감 넘치는 스토리텔링에 빠져 본 경험, 한 번쯤 갖고 있을 텐데요. 전 특히 남편으로부터 듣는 인도 여행 이야기를 가장 좋아한답니다. 똑같은 얘기지만 들을 때마다 재밌고 새로운 건 인도라는 나라의 오묘한 매력을 어렴풋이나마 짐작하고 있기 때문일 거예요.

귀동냥으로 얻은 인도의 정취를 한 문장으로 표현하자면, 부조화 속의 조화 또는 반대로 조화 속의 부조화일 것입니다. 경계 구분선이 없는 아스팔트 도로 위를 무질서하게 오가는 교통은 맞아떨어지는 신호도 교통경찰의 비호도 없이 각자의 시스템으로 정교하게 제 방향을 찾아갑니다. 그것이 최신식 세단이건 염소 서너 마리를 거느린 목동이건 간에요. 현지인이 여행객에게 조건반사적으로 내뱉는 첫마디는 '오케이, 노 프라블럼'이죠. 낯선 타지에서 두려움에 가득 찬 이방인에겐 환한 미소와 함께 건넨 그 한마디가 마치 피로 회복제와도 같습니다. 하지만 경계심이 서서히 풀려갈 무렵이면 그들의 저돌적인 호객 행위에 혀를 내두르게 되는 건 시간문제죠. 여차저차해서 카오스 속에서 코스모스를 찾아갈 무렵이면 인도식 식사에도 익숙해졌을 겁니다. 인도의 가정식 백반 정도로 표현되는 탈리thali로 말이에요.

탈리는 자스민 라이스로 지은 쌀밥과 로티, 커리와 채소 절임인 아차르achar, 다히dahi 등으로 구성된 인도인의 일상식입니다. 우리에게 친숙한 커리가 바로 탈리에 빠지지 않고 곁들여지는 것이죠. 각자 개성이 너무도 강한 온갖 향신료가 뒤섞인 채 어떤 '맛'으로 수렴되는 커리는 어쩌면 인도의 정체성과 매우 닮아 있는 듯합니다. 부조화 속의 조화, 또는 조화 속의 부조화 말이에요.

버터 치킨 커리

재료
2인분 기준

닭가슴살 또는 닭다리살 2장, 다진 마늘 1/2큰술, 청주 1/2큰술, 토마토 1개, 양파 1/2개, 캐슈넛 20g, 마살라 가루 3큰술, 칠리파우더 2큰술, 버터 2큰술, 소금과 후추 약간씩, 사워크림 2큰술과 우유 1큰술(플레인 요거트로 대체 가능), 토핑용 파슬리 약간

1. 닭고기는 먹기 좋은 크기로 잘라 다진 마늘과 칠리파우더 1큰술, 청주, 소금과 후추로 밑간을 한다.
2. 30분 정도 재운 닭고기를 팬에 볶은 뒤 접시에 옮겨 담는다.
3. 앞서 사용한 팬에 버터 1큰술을 녹이고 다진 양파와 토마토를 볶는다.
4. 양파가 반투명하게 익기 시작하면 캐슈넛을 넣은 뒤 물 500ml를 넣고 센 불에서 5-8분가량 끓인다.
5. 내용물을 한풀 식혀 블렌더로 곱게 갈아준다.
6. 5의 퓨레를 채반에 받쳐 토마토 껍질 등을 걸러낸다.
7. 퓨레를 팬에 옮겨 담고 마살라 가루 3큰술과 칠리파우더 1큰술, 버터 1큰술을 첨가해 커리를 완성한다. 따로 볶아 둔 닭고기도 함께 섞어준다. (마살라 가루와 칠리파우더는 취향껏 가감할 수 있어요.)
8. 사워크림과 우유는 2:1의 비율로 부드럽게 섞는다.
9. 완성된 커리를 접시에 담아 크림을 토핑한 뒤 자스민 라이스로 지은 밥, 버터를 발라 구운 난 등과 함께 곁들인다.

오만과 편견
사이

프로슈토prosciutto는 염장한 돼지고기를 말린 뒤 얇게 썰어 먹는 이탈리아식 햄을 일컫는 말입니다. 이탈리아를 비롯한 유럽 전역에서 매우 즐겨 먹는 식재료 가운데 하나죠.

한번은 프랑스의 동남부에 위치한 작은 빈야드를 방문하게 되었습니다. 부부가 함께 운영하는 빈야드의 풍경은 이름 모를 풀과 돌, 비옥한 흙이 뒤섞인 자연스러운 모습을 하고 있었어요. 돌과 나무로 지어진 오래된 집 또한 말이죠.

그들의 자연스러운 라이프스타일에 매료된 저는, 식탁으로 안내를 받고 자리에 앉아 천천히 부엌을 관찰하기 시작했죠. 포도 르방으로 만든 천연 발효 빵, 오래된 나무 싱크대 사이에 마치 제짝처럼 끼워 맞춘 현대식 식기 세척기와 오븐, 노란 주전자와 무쇠 팬이 한 세트처럼 올려진 화로, 손때 묻은 가재도구, 텃밭에서 갓 따낸 못생긴 토마토, 세잔의 피사체처럼 흩어져 있는 과일들… 모든 장면이 마치 미술감독의 미장센이 깃든 작품 같았다고나 할까요. 그 자체만으로도 일상의 아름다움이 깃든 스틸 라이프로써 말이에요. 이윽고 와인과 함께 나온 페어링은 덩어리째 갓 썰어 낸 신선한 프로슈토에 멜론을 곁들여 치즈를 성큼 뿌려낸 한 접시였어요. 도시의 세련된 와인 바에서나 마주할 법한 요리가 머나먼 타국의 한 시골마을에서 특별할 것도 없이 일상적으로 즐기는 것이라니요! 순간, 여러 단상이 스쳐갔습니다만 그 멜론을 감싼 프로슈토 요리는 저에게 깃들어 있던 오만과 편견을 누그러뜨린 것만 같습니다.

멜론 프로슈토

| 재료 | 멜론 1/2통, 프로슈토 4장, 그라나 파다노 치즈 적당량, 장식용 허브 2-3줄기 |

<u>1접시,
멜론 반 개 분량</u>

1. 멜론은 반으로 자르고 다시 1/4 조각으로 나눈 뒤 씨 부분을 정리한다.
2. 밑동에서 약 2cm가량 칼집을 넣고 과육과 껍질을 분리한다.
3. 손질한 멜론을 2-3cm 크기로 자른다.
4. 프로슈토는 절반으로 자른 뒤 멜론 크기에 맞춰 말아준다.
5. 멜론 위에 프로슈토를 얹고 치즈를 토핑한다.

레스토랑의 무드

길을 걷다 보면 감각이 곤두서는 순간과 마주할 때가 있습니다. 어디서도 본 적 없는 잿빛 하늘과 그 사이를 관통하는 짜릿한 섬광에 가슴이 뛰거나, 우연히 스쳐간 어떤 감촉이 온종일 살갗에 맴돌거나. 어디선가 흘러나오는 유행가에 발걸음을 멈칫하거나. 길 위에서 마주하는 감각의 영역은 쉴 새 없이 지각과 전이를 거듭합니다. 거리에 서면 이 세계 속에 실제로 놓인 나와 대면할 수 있는 것이죠. 무작정 산책을 나서는 이유도 바로 이 때문일 거예요.

무턱대고 거리로 나선 날이면 도시의 뒷골목을 따라 배회하며 어느덧 익숙하게 풍겨오는 풍미에 알 수 없는 안도감을 느끼곤 합니다. 골목길 사이를 맴돌며 풍겨 나오는 고상하고도 따뜻한 향기에 코끝을 치켜세우고 지긋이 눈을 감으면 혼자만의 은밀한 파티가 어느새 머릿속에 펼쳐지고 있죠.

레스토랑 벽면에는 근현대 화가의 마스터피스가 조명 아래 빛나고 있습니다. 잘 차려진 테이블 위로는 서양식 식기들이 가득 차 있죠. 곳곳에 배치된 식물의 푸른 잎사귀가 실내 분위기에 생기를 더하고 있네요. 투명한 와인잔은 테이블당 서너 개씩은 놓여 있습니다. 얇고 길쭉한 샴페인 잔, 작고 귀여운 화이트와인 잔, 커다랗고 둥근 레드와인 잔, 후식을 위한 화려한 패턴의 찻잔까지.

사뭇 특별한 저녁을 보내기 위해 한껏 멋을 부린 사람들이 제자리를 찾아 갑니다. 익숙한 솜씨로 주문을 마친 테이블에는 아뮤즈 부쉬와 함께 기포가 가득한 샴페인이 서빙됩니다. 크기도 모양도 다른 와인잔이 그 향과 빛

깔 또한 상이한 포도주들로 채워지고 비워가기를 반복하자 식사는 절정을 향해 갑니다. 오늘은 양갈비가 주인공이네요. 갈빗대가 공중을 향해 솟아오른 프레젠테이션이 분위기를 더욱 고조시키는 듯합니다. 살을 발라낸 앙상한 갈빗대만이 덩그러니 놓인 접시를 치우고 나면, 달콤한 디저트와 향긋한 차를 마지막으로 짧고도 길었던 순간의 연극이 막을 내립니다.
저는 이제 무대 뒤에 남아 뒷정리를 마무리 지어야 합니다. 그리고선 나트륨 등과 헤드라이트 불빛으로 반짝이는 도시의 밤을 가르며 집으로 돌아가야겠죠. 미처 갈아입지 못한 셔츠엔 레스토랑의 냄새가 배어 있습니다.
시간이 흘러 레스토랑과의 인연은 접어두고 있지만, 길을 걷다 고상한 냄새와 맞닥뜨릴 때마다 한 번씩 떠올리는 장면입니다. 당시엔 정해진 시간만큼 육체노동을 지속해야 하는 중압감에 짓눌려 감각을 치켜세우는 순간을 마음껏 즐기지 못한 것이 사실이에요. 그러나 그 레스토랑 냄새가 밴 셔츠를 수도 없이 갈아입었던 것만큼 레스토랑의 무드는 나도 모르게 내면화되어버린 것 같아요. 이렇게 집에서 양갈비를 구우며 마치 레스토랑의 분위기를 그대로 옮겨 온 듯 일상의 작은 사치를 즐기는 것처럼요. 식사를 마치고선 무작정 산책이나 나설까 해요.

양갈비 구이

재료	양갈비 400g, 알감자 100g, 커민 1작은술, 생강가루 1작은술, 올리브유 2큰술, 소금 적당량, 후추와 버터 약간씩,
2인분 기준	로즈메리 어린잎 2-3줄기, 파슬리 가루 약간
	스테이크 소스 - 레드와인 100ml, 글레이즈드 발사믹 1큰술, 버터 1큰술, 소금과 후추 적당량, 레몬즙 약간

1. 양갈비를 꺼내 상온과 온도를 맞춘다.
2. 양갈비에 소금, 후추, 커민, 생강가루, 로즈메리를 앞뒤로 뿌리고 올리브유를 첨가해 향신료가 골고루 묻어나도록 러빙해준다. 약 30분가량 마리네이드한다.
3. 알감자는 물에 깨끗이 씻어 기름을 넉넉히 두른 팬에 껍질째 튀기듯 굽는다.
4. 중약불에서 15분 정도 익힌 감자를 건져 소금과 후추, 파슬리를 토핑해 간을 맞춘다.
5. 중불로 달군 팬에 양갈비를 얹어 앞뒤로 3-5분가량 굽는다. (미디엄 웰던 기준)
6. 양갈비를 굽고 향신료의 잔여물이 남은 팬을 그대로 활용해 스테이크 소스 재료를 모두 넣고 졸인다.
7. 접시에 알감자를 가니시로 놓고, 양갈비 2-3대를 곁들인다. 레드와인 소스를 고기 위로 듬뿍 뿌리면 완성.

일상의 작은 사치

보통 사람들의
특별한
요리

이탈리아가 고향인 라자냐는 세상에서 가장 오래된 파스타일 것입니다. 그 어원이 무려 고대 그리스 시대까지 거슬러 올라가니까요. 반죽을 얇고 넓적하게 펴낸 라자냐의 모양은 이후 잘리고 변형되면서 수많은 종류의 파스타를 탄생시켜 왔죠. 고기와 치즈, 채소를 듬뿍 넣고 층층이 쌓아올린 라자냐는 축제나 특별한 날에 먹을 수 있는 귀한 음식이었습니다. 이후, 아메리칸드림을 꿈꾸며 미 대륙으로 터전을 옮긴 이탈리아 이민자들에 의해 대중적인 음식으로 널리 퍼지게 되었죠. 21세기의 라자냐는 이탈리아를 비롯한 영미권 문화 깊숙한 곳에 자리하고 있습니다. 특별한 날이건 보통의 날이건 따로 구분할 것도 없이 평범한 일상 속에서요.

외화를 즐겨보는 이들에겐 라자냐는 꽤 친숙한 요리로 다가와 있을지도 모르겠어요. 그도 그런 것이 영화나 드라마를 구성하는 미장센 속엔 라자냐가 수도 없이 등장했을 테니까요. '라자냐' 얘기를 꺼냈더니 문득 미국 텔레비전 시리즈 〈프렌즈〉의 에피소드가 떠오르는군요!

레스토랑에서 일하는 모니카는 선주문이 들어온 12개의 라자냐를 만들어야 합니다. 채식주의자를 위한 라자냐였음을 미처 깨닫지 못한 모니카는 전통적인 방식대로 고기를 넣어 요리를 완성해버리죠. 다시 손을 쓸 새도 없이 12개의 라자냐를 고스란히 떠안게 된 모니카. 그녀는 라자냐를 주변 사람들에게 선심 쓰듯 선물하기도 하고, 억지로 떠맡기는 등 사방으로 뛰어다니죠. 실수로 빚어진 12개의 라자냐에 얽힌 일련의 에피소드를 통해 일상을 둘러싼 희로애락이 펼쳐집니다. 마치 라자냐 사이로 겹겹이 쌓인 각양각색의 식재료가 완성되기 이전까진 어떻게 어우러질 것인지 감히 예측할 수 없는 것과도 같이요.

보통 사람들의 평범한 삶은 어쩌면 라자냐와 닮아 있는지도 모르겠습니다. 일상의 단면 또한 차곡차곡 쌓아간다면 모든 조각들이 서로 관계하면서도 서로 장애가 되는 일이 없을까요? 모든 재료가 잘 섞여 조화를 이뤄낸 하나의 라자냐처럼요.

라자냐

| 재료 | 라자냐 4장, 양파 1/2개, 파프리카 1개, 가지 1/3개, 소고기 다진 것 200g, 새우 100g, 다진 마늘 1/2큰술,
25x30x8cm | 아라비아타 소스 300g, 크림소스 3큰술, 모차렐라 치즈 150g, 올리브유 적당량, 소금과 후추 약간씩,
오븐용기 기준 | 파슬리와 바질 가루 약간씩

일상의 작은 사치

1. 예열한 팬에 올리브유를 두르고 다진 마늘을 볶는다.
2. 준비된 채소를 잘게 다진 뒤 마늘과 함께 볶아 준다.
3. 소고기 다진 것과 잘게 다진 새우를 팬에 추가해 노릇하게 익힌다. 이때, 소금과 후추로 밑간을 한다.
4. 아라비아타 소스와 허브가루를 넣고 자작하게 졸여 볼로네즈소스를 완성한다.
5. 끓는 물에 라자냐를 넣고 약 8분가량 삶는다.
6. 라자냐를 건져 컨테이너에 옮겨 담은 뒤 서로 달라붙거나 불어나지 않도록 올리브유를 덧발라 준다.

7. 오븐용기를 준비하고, 크림소스를 용기 바닥에 얇게 펴 바른다.
8. 라자냐, 크림소스, 볼로네즈 소스, 모차렐라 치즈 순으로 겹겹이 쌓아 올린다.
9. 4겹이 쌓인 라자냐 위로 볼로네즈 소스를 토핑한 뒤 모차렐라 치즈로 윗면을 감싸듯 듬뿍 뿌려준다.
10. 180도로 예열된 오븐에서 20분 정도 구워내면 완성.
11. 완성된 라자냐에 파슬리 가루를 토핑하고 3-4조각으로 잘라 개인 접시에 서빙한다.

디저트를
위하는
마음

디저트, 우리 말로는 후식, 식사가 끝난 뒤 챙겨 먹는 음식입니다. 서서히 차오르는 속을 차분히 가라앉히는 따듯한 한 잔의 차 또는 입가에 맴도는 잡다한 맛의 여운을 달콤 쌉싸름하게 마무리 지을 초콜릿, 혹은 차가운 서벗이나 아이스크림, 부드러운 요거트 등 디저트의 세계는 무궁무진하죠. 도시 곳곳에도 디저트만 따로 취급하는 파티셰리 전문점이 들어서고 있을 정도니 세분화되어가는 식문화에 대한 열기가 사뭇 뜨겁게 다가오는 요즘입니다.

디저트라는 말의 어원이 프랑스에 뿌리를 두고 있듯이 디저트는 유럽인들의 식문화에서 비롯된 것입니다. 사탕수수가 대량 생산되기 이전에는 단맛을 내는 감미품이란 일부 계층의 사람들만이 먹을 수 있는 매우 귀한 식재료였습니다. 중세 이후, 유럽 국가들의 식민지 개척이 활기를 띠며 더불어 성장한 무역과 상업활동은 식문화에도 영향을 미치게 되었는데 디저트는 이러한 역사적인 배경을 두고 발달하게 된 것이죠. 과거 일부 특권층만이 먹을 수 있던 달콤한 설탕은 플랜테이션을 통해 점차 대중적인 식재료로 거듭나게 되었고, 다양한 종류의 디저트를 파생하며 오늘날에 이르게 되었습니다.

디저트 문화가 유럽을 중심으로 발달해 온 것은 사실이지만 동양권에도 엄연한 디저트 문화가 존재해왔습니다. 중국인들의 차문화를 극단적으로 보여주는 '차마고도', 일찌감치 서방세계에 문호를 개방한 일본에는 포르투갈인들이 남기고 간 '나가사키 카스텔라' 등을 꼽을 수 있겠네요. 우리나라 또한 '입가심'이라는 순우리말이 존재하고 있는 것을 보면 식사 후, 텁텁한 입맛을 달래는 다양한 종류의 후식 문화가 발달해왔음을 알 수 있죠. 특히나 동아시아 삼국에서 주로 재배되는 '팥'은 중국의 월병, 한국의 동지 문화, 일본의 화과자와 양갱 등의 먹거리로 활용되며 전통적인 식재료로써 현재까지도 동양 고유의 정체성을 지닌 채 무한한 변신을 거듭하고 있죠.
달콤함으로 무장한 부드럽고 촉촉한 감미품 한 조각과 뇌리를 스치며 정신세계를 영롱하게 만드는 카페인의 유혹은 감히 떨쳐내기가 고달픕니다. 식사를 끝낸 후, 받아 든 차 한 잔과 타르트 한 조각은 과연 영혼을 어루만져주는 소울푸드와도 같죠. 그도 그런 것이 성큼 베어 문 달콤한 타르트 조각은 혈당량을 넉넉히 채우고선 뇌와 직접적인 상호작용을 하며, 카페인이 그득한 커피 한 잔은 중추신경계를 자극해 각성효과를 선사해주니 이 둘의 환상적인 조합이야말로 소시민의 쾌락을 충족시켜주는 합법적인 기호식품이 아닐까요.
무더위가 막바지에 이른 늦여름, 꽉 차오른 계절처럼 수분을 가득 머금은 수밀도가 길게 늘어진 볕 사이로 빛나고 있었습니다. 순간, 손대면 톡 하고 터질 것만 같은 탄력과 한 손에 움켜쥐면 묵직한 무게감을 선사하는 영롱한 황도에 마음을 빼앗겨 버리고 말았죠. 저는 아름다운 식재료와 조우할 때면 그것을 더욱 아름다운 요리로 만들어내고픈 욕망에 사로잡히는 경향이 있습니다. 물론 천연 그대로의 아름다운 모습에 미치진 못하겠지만요.

황도 타르트

| 재료 | 파이지 - 박력분 120g, 차가운 버터 60g, 소금 1.5g, 설탕 10g, 달걀 노른자 1/2개, 우유 10g |

타르트 틀 4호
지름 24cm,
황도 1/2개 분량

치즈 필링 - 크림치즈 120g, 우유 30g, 생크림 20g, 설탕 30g, 달걀 1개, 박력분 10g, 소금 1꼬집, 레몬즙 3-4방울, 슈가파우더 적당량, 장식용 허브 2-3줄기

1. 파이지는 재료를 혼합해 버터가 완전히 녹지 않을 만큼 뭉쳐 냉장고에서 30분간 휴지한다.
2. 딱딱하게 굳은 파이지를 밀대로 밀어 타르트 틀에 맞게 성형한다.
3. 타르트 밑면에 포크로 구멍을 내고 누름돌 등을 받쳐 180도로 예열한 오븐에 10분가량 구워낸다. 타르트를 틀에서 분리하지 않고 그대로 식혀둔다.
4. 믹싱볼에 상온에서 온도를 맞춘 크림치즈를 부드럽게 풀어 준 뒤 나머지 필링 재료를 혼합해 타르트 속을 채운다.
5. 180도로 예열한 오븐에서 타르트 윗면이 노릇해질 때까지 20-25분가량 구워낸다.
6. 틀에서 분리한 뒤 타르트 위로 슈가파우더를 뿌린다.
7. 얇게 슬라이스한 복숭아를 타르트 바깥쪽에서 안쪽으로 꽃모양으로 겹쳐가며 모양을 낸다.
8. 타르트 중앙을 허브 등으로 장식해 완성한다.

일상의 작은 사치

꿈의 요리

당신의 꿈의 요리는 무엇인가요? 저에겐 케이크 한 조각과 향긋한 홍차 한 잔이 바로 그것이랍니다. 단, 꿈속을 헤매는 동안 그 배경엔 모리세이의 〈Everyday is like Sunday〉가 흐르고 있어야 해요. 끊이지 않고 계속이요. 2000년대 초반까지만 해도 홍대 거리는 언더그라운드 문화를 즐길 수 있는 천국 같은 곳이었습니다. 요란한 패션의 펑크족, 개성 충만한 예술가, 왠지 멜랑콜리해 보이는 젊은이들로 가득 차 있던 거리. 'Bripop - invasion'이라 일컬어지는 영국의 대중음악이 홍대 구석구석을 점령했던 것도 그 당시죠. 각자 흠모하는 뮤지션의 밴드명을 간판으로 내건 펍이 상가 건물 구석구석에 둥지를 틀고 차가운 거리를 헤매며 방황하는 영혼의 상처를 어루만져 주었습니다.

'Pub, The Smiths'. 쿠엔틴 타란티노의 영화 미장센을 상기시키는 인테리어. 음침한 조명 아래 놓인 당구대. 스타일리시한 큐대와 숫자가 새겨진 당구공을 배경으로 서서히 퍼져가던 담배 연기. 어두운 조명 사이로 희미하게 비쳐 오던 모리세이와 밴드의 흑백사진. 저는 스미스의 음악을 듣기 위해 종종 펍, 더 스미스에 들르곤 했죠. 말리부 칵테일 한 잔을 시켜 놓고 어두운 지하에서 시공간이 소멸되는 듯한 기분을 즐기곤 했습니다. 스피커에선 〈Everyday is like Sunday〉가 흘러나오는 중이었죠.

우수로 가득 찬 모리세이의 솔로 앨범에 실렸던 이 노래는 특유의 멜랑콜리한 정서가 장조의 멜로디를 부유하는 곡입니다. 음유시인이라 일컬어지는 모리세이의 시적인 가사 또한 이 곡의 백미라 할 수 있죠.
모리세이는 고립된 작은 해안가 마을의 권태로움을 여느 일요일의 한가로운 풍경에 빗대어 노래합니다. 소울풀한 모리세이의 음성이 영적인 멜로디를 뚫고 나오는 동시에 이미 나는 안개가 자욱한 해안가의 축축한 모래와 자갈을 자근자근 밟으며 서 있죠.
하늘은 온통 잿빛이며 해무로 인해 바다와 수평선의 경계는 아득하기만 합니다. 안개로 자욱한 공간은 고요하며, 포화 직전의 수증기 알갱이들이 서로 부딪치는 소리가 들려오는 것만 같습니다. 시공간이 소멸되어 버린 듯한 낯설기만 한 이 공간에서 달콤한 케이크 한 조각과 느끼한 밀크티 한 잔을 나누고자 누군가 내 곁에 함께 서 있습니다. 언제나 일요일 같기만 한 나날들. 고요한 잿빛의 연속.

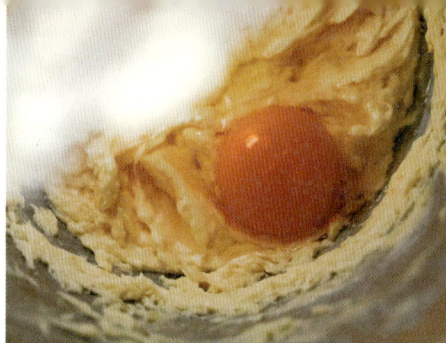

복숭아 케이크

재료 | 중력분 240g, 버터 120g, 설탕 160g, 소금 1g, 우유 50ml, 베이킹 파우더 3g,
16x7cm | 달걀 2개, 바닐라 에센스 4-5방울, 레몬 제스트 약간, 복숭아 1개,
케이크 틀 기준 | 슈가파우더 적당량, 장식용 허브 2-3줄기

1. 상온에서 부드럽게 녹은 버터를 믹싱 볼에 담고 소금과 설탕을 넣어 5분 정도 휘핑한다.
2. 냉장고에서 미리 꺼내어 상온에 맞춰 둔 달걀은 1의 크림에 두 번에 걸쳐 나누어가며 넣어 부드럽게 크림화시킨다.

3. 휘핑이 적당히 부풀어 오르면 중력분과 베이킹 파우더를 체에 곱게 내려가면서 2의 크림과 섞어 반죽을 만든다.
4. 복숭아 반 개를 큐브 모양으로 조각내 반죽과 섞어준다. 레몬과 오렌지 제스트, 바닐라 에센스도 첨가해 반죽을 완성한다(제누와즈에 비하면 반죽 농도가 되직한 편입니다.).
5. 케이크 틀에 버터를 골고루 바른 뒤 반죽을 2/3만큼 채운다.
6. 180도로 예열한 오븐에 35-40분 가량 구워낸 뒤 틀에서 분리해 식힘망에서 식힌다.
7. 부풀어 오른 윗면을 잘라 케이크 표면을 정리한다. 케이크 윗면에 슈가파우더를 듬뿍 뿌리고 나머지 반 개의 복숭아를 슬라이스해 케이크에 얹는다. 허브의 어린잎으로 센터를 장식하면 완성.

지은이. 장보현

한국예술종합학교에서 한국 예술학을 전공했다. 일상의 아름다움을 고민하던 중, 식탁 사이로 펼쳐지는 미장센에 매료되어 일상 요리를 즐기게 되었다. 다음 카카오 플랫폼 브런치(brunch.co.kr/@sustainlife)를 통해 일상의 음식과 자연스러운 생활에 대한 이야기를 풀어가는 중이다. 조금 더 개인적인 이야기는 instagram.com/writerjang

사진. 김진호

홍익대학교에서 예술학을 전공했다. 대학 시절 우연히 손에 쥔 카메라가 삶을 지속하는 원동력이 되었다. 지속가능한 작업과 조화로운 삶을 모토로 스튜디오 <SUSTAIN-WORKS>를 운영하며 사진과 영상을 만들고 있다. 너머의 이야기는 instagram.com/kim_zinho

도시생활자의 식탁

1판 1쇄 인쇄	2018년 1월 29일
1판 1쇄 발행	2018년 2월 5일
지은이	장보현, 김진호
펴낸이	김기옥
실용본부장	박재성
책임 편집	류인경
편집	이나리, 손혜인, 박인애
영업	김선주
지원 · 제작	고광현, 김형식, 임민진
디자인	나은민
인쇄 · 제본	현문 인쇄
펴낸곳	한즈미디어(주)
주소	121-839 서울시 마포구 서교동 양화로 11길 13
전화	02-707-0337
팩스	02-707-0198
홈페이지	www.hansmedia.com

출판신고번호 제313-2003-227호, 신고일자 2003년 6월 25일

ISBN 979-11-6007-230-3 13590

책값은 뒤표지에 있습니다.
잘못 만들어진 책은 구입하신 서점에서 교환해 드립니다.